麦田守望记

WHEAT FIELD WATCH

麦田志愿者 著

东方出版中心

图书在版编目（CIP）数据

麦田守望记 / 麦田志愿者著. 一上海：东方出版中心, 2022.1
ISBN 978-7-5473-1929-1

Ⅰ. ①麦… Ⅱ. ①麦… Ⅲ. ①志愿 - 社会服务 - 中国 - 文集 Ⅳ. ①D669.3 - 53

中国版本图书馆CIP数据核字（2021）第246462号

麦田守望记

著　　者　麦田志愿者
筹　　划　刘佩英
责任编辑　徐建梅
封面设计　莫　凡
版式设计　钟　颖

出版发行　东方出版中心
地　　址　上海市仙霞路345号
邮政编码　200336
电　　话　021-62417400
印 刷 者　上海盛通时代印刷有限公司

开　　本　890mm × 1240mm　1/32
印　　张　9.875
字　　数　185千字
版　　次　2022年2月第1版
印　　次　2022年2月第1次印刷
定　　价　68.00元

序一　走出大山

我刚从大理云龙这个曾经的贫困县做调查回来，就接到莫凡的“邀请”：为这本麦田志愿者口述和访谈的图书做序。当我打开这本书的时候，才知道云龙县正是麦田计划的发源地，那个今天已经是旅游胜地的诺邓古村落在莫凡的照片里曾经是那样的贫穷，那里的人们也曾经那样的简朴。麦田计划的志愿者们正是从这里出发，他们翻越在崇山峻岭，想要帮助那些贫困中的孩子们“走出大山”。

[1]我是2006年通过志愿者水瓶开始接触麦田计划的。2008年在汶川地震的灾后重建中又认识了一批四川的麦客，和他们一起开展了龙门山镇的灾后重建。而后，我在黄埔公益领导力协力营里又认识了老莫，后来，便协助其在广东注册了麦田教育基金会，我也有幸担任了一个不怎么“理事”的创始理事。十多年来，麦田计划对

麦田计划：由莫凡于2005年6月16日创立，2010年9月在广东省民政厅注册成立广东省麦田教育基金会。

我来说是一种“奇迹”。一位脸色冷峻而又带着孩子般天真的设计师，一群充满爱意的志愿者，居然让这个计划跨越了90个城市，遍地开花，而且还不断迭代升级，由捐款资助到深度助学，从麦苗班到彩虹口袋。以至于我一旦参与志愿者培训，不论在哪里，似乎总能遇到麦田的志愿者。今天的麦田计划似乎已经不只有莫凡的一种声音，各团队都枝繁叶茂地生长，风吹麦浪，涌现出这本书里那些生动鲜活的志愿者的故事。读着这些访谈、口述和自我书写，我总在不经意间被触动。虽然文字还有点粗糙、随意，但也恰恰体现着原生态的美和动人的生命力。

“原生态”有这样几种独特的表征：一是它的结构是去中心化的，但文化符号却有着鲜明的凝聚力。对我而言，感受最强烈的就是麦田计划去中心化结构下各个项目团队的活力，许多项目团队甚至都独立注册了。最有动力的似乎总是那些志愿者，他们组织各类调查、活动、项目和书信交流，甚至年会都是各个团队轮流举办的。但惊讶的另一面是：麦田计划又通过文字、照片、Logo等各种形式呈现出极强的文化凝聚力。成员对这些符号是如此认同，以至于只要看到对方穿着麦田计划的衣服，哪怕是陌生人，也会立刻产生亲近感。不少麦客用“一见如故”来描述他们初次见到的心情。把加入麦田视为“入坑”，入坑很苦，但是麦客们却甘之如饴。这种强大的文化凝聚力在中国的公益组织中是比较少见的。

二是它的志愿者转化，无论是从受助者还是从资助者发生的转化都很有特色。我读到柳吉的自述很感动，字里行间可以感受到她从一个受助者转化为志愿者的心路历程，这种交流对那些新获得资助的、感到害羞和自卑的受助者会产生特别关键的正面动力。事实上，受助者因为贫困而产生的自卑感是很多助学组织难以攻克的问题。而在麦田计划通过受助者的转化，似乎自然地完成了某种超越。这是令我惊叹的。另一方面那些资助者也超越了那种高高在上的姿态，他们转化为亲自跑山的志愿者，感受着志愿服务的过程。这些志愿者更重视那种在麦田计划里所感受到的共同体的友爱。在我的阅读中，我感觉到这些资助者似乎超越了某种物质施舍所带来的不平等。无论他们是警察，是佛系青年，是牛津的博士，还是一个普通学生，在麦田计划里都转化成平等的志愿者。这些志愿者仿佛进入了某种“阈限状态”，无论你原来是谁，在这种状态里，人人都担责，人人都全力以赴，人人都是快乐的。

三是作为一个志愿团体，麦田计划不断地迭代升级、野蛮生长。在最早的时候，麦客们似乎就是捐资助学。一对一的资助是最理想的方式，这样简单、直接、易操作。慢慢地，麦田计划提出了“深度助学”的概念，开始强调课程的改革和美术教育的深入。接着，我又看到了诺邓麦苗班的“奇迹”。这俨然已经在探索教育共同体的形成。这种探索已经有了许多效果，他们不仅仅看有多少学生考上高中和大学，也看这些学生无论打工还是务农，他们身上所体现的精神气质和风貌。这种探索虽然还在路上，但对于一个以志愿者为主体的组织，这样的思考和探索也是了不得的。麦田计划的志愿者显然不只是希望孩子的身体能够走出大山，他们也希望孩子的视野和思维能够走出大山。

“走出大山”——当我站在云龙县那些海拔2 000多米高的山上，

看着远处望不到头的层峦叠嶂，我知道这实在是太不容易了。而最难的是孩子们心里面那份走出大山的自信。麦田计划孜孜以求的就是能给山里的孩子们这份自信。他们正走在路上，而我相信，对这些在路上的志愿者而言，他们也能借此建立自己翻越生活这座大山的信心。

祝福每一个做快乐公益的麦客，都能成为自由、独立、有公益精神的中国人。

朱健刚

南开大学周恩来政府管理学院教授

中国社会组织促进会专家委员会委员

广州公益慈善书院创始人

麦田教育基金会创始理事

序二
麦苗青青、麦穗累累、麦浪滚滚……这里是麦田

阅读眼前这本麦田文集，我一次又一次眼含热泪，一次又一次心潮澎湃！

这本书带给我的感动和启迪，超过许多经典巨著，因为这本书是一群平凡而又伟大的普通人，用生命、用大爱、用真实的行动，谱写的人世间最美最真的爱之颂歌。

在这里，我看到众多麦友不畏艰辛、不辞劳苦、积极行动、慷慨奉献，听到了他们一句又一句发自肺腑的爱之心声：（以下转载文字均摘自本书，来自各位麦友和麦苗）

第一批麦田志愿者走进七百弄的时候，为了走访一个学生，常常需要翻过一座又一座大山，单程三四个小时。南宁团队唯美，志愿者曾经扛着20斤大米，翻山越岭走了几个小时，送到学生家里。

自从去过竹山，我才发现当资助人真是容易了，而做一个

志愿者，太辛苦了，你看不到那背后许多的工作量，走访、整理资料、上报审核、发放资助款、发放物资、第二课堂、回访，每一次，都是全国麦田志愿者在亲力亲为。

次年9月，我果断作了一个决定，用自己辛苦积攒下的8.24万元为彝族地区的孩子建了一间训练馆，并且取名“茹愿训练中心”，以此来激励孩子们奋发图强，努力学习。

你要是问我山那边的孩子需要的是什么？我可以肯定地告诉你：是平等、自信、陪伴和关爱。我开始读很多心理学的书，对于走访的孩子、我的学生，还有我的女儿，我都会花更多时间和精力去关注他们内心的渴求，物质只是基础的，精神上的关注和陪伴才是最宝贵的。

麦田不土豪，大家都以“草根”身份自豪。不仅不土豪，麦友参与活动，全部费用需要AA自费。那套鲜亮的橙色装备，也需要麦友自己花钱买。加入麦田，也不需要所谓的会费，只要你有做公益的心，以及愿意投入时间精力的承诺。

虽然我的力量很渺小，但是只要能帮助一个孩子，我也要尽百分之百的努力。

在这里，我读到了很多小麦苗的收获和成长：

我读小学四年级的时候，一群穿着橙色衣服的叔叔阿姨来我们学校陪我们玩游戏，还给我们带来了很多学校没有的课外书籍，建立了一个图书角。之后每个学期，他们都会来学校陪我们玩，跟我们拉家常，给我们更换新的图书，还给我们发放资助款。这些叔叔阿姨来自麦田，而我们班，是他们在我们学校建立的第一个麦苗班，听说这也是麦田在广西的第一个麦苗班。

因为他们，我小学的时候才有机会阅读大量的课外读物，这些读物对我的影响很深刻。也因为他们，让自幼失去双亲的我不再感到孤独，觉得自己也是有人关心的。

小杜叔叔和我聊了很多，具体内容因为我太紧张而记不太清了，只记得他对我说“这就是我闺女”的时候，我真的感觉自己原来是有父亲的。自此，我的“小杜叔叔”变成了我的“小杜爸爸”。

令我记忆最深刻的一个问题是“通过这个组织给你带来了什么影响?”我想说的是：麦田计划给我带来的影响很大，他们每学期分发的生活费替我爸爸减轻了一些负担，他们提供的书籍给了我探索新知的渠道，他们提供的毛茸茸的手套，让我在冬天感受到温暖，他们开展的“第二课堂”让我们在课堂上尽情发挥、尽情交流，以及放纵地玩耍，我们又多了一条了解世界的渠道。不仅有物质支持更有精神滋养，我们随时通过网络交谈，在我伤心难过时给予安慰和鼓励，给我前行的道路铺上一层花瓣，自此我们的人生一路芬芳。“当你遇到困难时请不要放弃，他们都在努力，你为什么要放弃你自己呢?”

在这里，我读到很多志愿者的巨大变化、收获和喜悦：

每次与孩子们的接触，对我来说都是一份欣喜。他们的纯真、他们的真诚、他们的快乐、他们的美好，在不知不觉中滋养着我们的内心。有的时候，甚至觉得，在帮助他们的同时，我们得到的帮助更多，这种受助是无形的，但却是如此巨大。

想起年少时总有些莫须有的虚荣心，后来发现那都是自己当时不自信的表现，精神上的贫瘠才会让人觉得自己很穷。参与了多年的公益活动以后，思想也在潜移默化地改变着，因为精神的富有和骨子里的自信，展现出来的是另外一个完全新生的茹茹！一路走来一直以为是麦田需要我，回过头后发现，其实是我们需要麦田。

这些年和孩子们在一起，我深深感受到雅斯贝尔斯说的“教育意味着一棵树动摇另一棵树，一朵云推动另一朵云，一个灵魂唤醒另一个灵魂”这段话的含义。的确，用心感受孩子们的内心一定会得到孩子们爱的回应。

在这里，麦友们也用他们的亲身实践和感悟，更新、丰富着我的公益理念：

我第一次知道了“快乐公益”这个概念。麦田并不提倡志愿者以牺牲自己来做公益的理念，而是要志愿者在照顾好自己和家庭的情况下，力所能及地参与公益。有能力先把自己和身边人照顾好，自身乐观而自强，才有能力把这股正能量传递出去，带着孩子们往更美好的方向走。“亲切、快乐和温暖”的麦友们和“快乐公益”的理念，吸引着我更深入地走进了麦田。

请原谅我上文转摘了书中的很多片段，它们是那么感人、那么精彩，我忍不住想要与大家分享。

这样动人的片段，在书中俯拾皆是，我所摘的只是极少部分。如果您也认真地品读这本书，您一定会被深深吸引，对麦田人肃然起敬、油然生爱。您也一定会恨不得马上加入我们的公益行动，成为那一抹动人的橙黄。

2012年10月，我们邀请莫凡到新东方扬州学校作麦客旅途报告，那是我第一次见到莫凡。我听了莫凡的报告，被深深震撼，莫凡做了我多年想做而没有做的事情，我真心佩服他的伟大！

我当时对学生们说：“中国出了个获得诺贝尔奖的作家莫言，很了不起，很有名，我们出了个莫凡，还不是那么有名，但我觉得他也很了不起，因为比起需要诺贝尔奖，中国更需要广泛的公益事业，更需要像莫凡这样的志愿者，带领大家做公益，用心关爱孩子们的成长。”

当初我主要是被莫凡一个人震撼和感动，读了这本书，我深深地被每一个麦田人震撼和感动，我为有这样的同胞、有这样的同路人，感到由衷的自豪和骄傲！

我从事教育四十多年，“改变自己，帮助他人，贡献社会，成为最好的自己”，是我希望孩子们一生都有的价值观，通过参与麦田公益，让孩子们得到了很好的锻炼和实践。

从2012年参与“典燃梦想”，到最近几年每年参与“99公益日”，我主持的新东方扬州学校和修文系列学校，累计已有数万人次的师生和家长，广泛参与了麦田各种各样的公益活动。师生和家长都从中收获很多、成长很多。

看了书中麦友们的种种事迹，我感到比起大家来，我们做得还很不够，未来我们一定会努力做得更多、更深、更好，把麦田的爱，放得更大，传得更远，惠及更多！

山里的孩子需要我们的孩子，我们的孩子也需要山里的孩子！

麦田需要我们，我们也需要麦田！

一个国家要强大、人民要幸福，有太多的事要做，不能一切都靠政府，必须有人民群众的广泛参与，必须有发达的公益事业。只有越来越多的人，像麦友一样，参与公益事业，我们国家才会真正的强大、人民才会真正的幸福。

莫凡先生曾谦虚地说：“这么多年来，我深深觉得哪怕麦田做得再好，对于中国山区教育的支持也只是杯水车薪。”读完这本书，我要说，在莫凡的带动下，在麦友们的不懈努力下，当初的杯水车薪，正在变成可以燎原的星星之火！

现在的麦田已经是一个现代化的、向世界级水平迈进的公益组织。麦田作为最早的、做得最成功的民间公益机构之一，是先驱者、是教练，也像一所黄埔军校，肩负着伟大的使命。未来它一定会有更大的发展，一定能唤醒更多人积极投身公益事业。

十多年前，莫凡发起麦想计划，为茶叶坡村捐建学校时曾说："我只想告诉自己：尽能力，不管成败！我只想告诉大家：只要努力，一切都有可能！"

说得真好！让我们一起告诉自己：尽能力，不管成败！一起告诉大家：只要努力，一切都有可能！

王修文

麦田教育基金会理事

美国宾夕法尼亚州立大学教育管理学博士

中国民办教育家协会原副理事长

上海修文德鲁教育科技（集团）有限公司董事长兼总裁

序三　麦客

在以往的日子里，常常被问到，这16年来我是怎样坚持下来的。我也很好奇，也想问问我们的麦田志愿者——麦客们，这么多年来，你们是怎么坚持下来的？我也想知道答案，也许这就是本书存在的意义。

16年，对于一名山区孩子来说，正好完成小学、中学和大学的求学过程。而这样的孩子，在麦田有成千上万，他们中有的现在正在读小学、中学、大学，有的已经毕业、工作或已经成家立业。

我们和孩子一起成长，我们的使命是：和孩子一起成就未来。如果说，孩子的成长就是我们的成就，那么在这些孩子成长的背后是大量的麦田资助人、企业和全体麦田人共同努力的结果。他们投入大量的时间、精力和金钱。他们拥有共同的目标，他们走访一线，他们夜以继日，他们跋山涉水，他们义无反顾。那一抹橙色常常穿行在巍峨碧绿的大山中，风雪漫天的西北藏地，一望无际的茫茫戈壁……

当他们在大山里走访，他们就是快乐的麦客；当他们携手合力为山区孩子而努力，他们就是坚韧的麦田团队；当他们回归家庭，他们就是淹没在都市角落里的普通民众。他们默默无闻，问他们为什么这么做，他们会微笑地告诉你：谢谢这些孩子给了我们一个表达爱的机会！

其实，今天的山区和16年前的山区已经有了很大的变化，国家在山区教育上投放了大量的资源，教育环境有了很大的改善。而今天的公益环境也有了明显的变化，面对这些不确定，我内心有喜悦也有担忧。但写完这篇序言，我心里突然豁然开朗。是的，未来的麦田可能会以各种各样的形态存在，或许是基金会会持续发展和壮大，成为行业的一面旗帜，但也可能会因为种种原因而没落甚至消失；也或许是麦田会持续去中心化，像海星一样，继续分解成为一个个“海星角”，成为更多如今的麦田地方项目团队，她们自主、独立、生存和发展；当然，麦田的未来也许是连地方项目团队也不存在，她们继续分解成一个个麦田个体，最后融入庞大的社会组织，成为体系里的麦田公益细胞。

但不管未来如何，我都有理由相信，不管是以组织的形态，还是只是一个单细胞的形态存在，麦客身上都潜藏着深深的麦田基因，他们会把麦田的火种和文化一代代传承下去。作为麦田的一分子，我能接受麦田未来的这一切的变化。而作为麦田的发起人，不管何时何地，我愿意继续跟随和陪伴我们的麦客们。

莫　凡

麦田发起人

艺术工作者

目　录

卷一　麦客故事

卷二　麦客访谈

卷三　麦田项目

卷四　麦苗文摘

卷一

麦客故事

01 走进麦田

2004年10月，我在自己的行业论坛上发了一个帖子——《关于资助贫困学生的建议》，由此开始了我的助学之旅。

帖子引起了很大的反响，好多人支持，但却没有人出头来做这件事情。很快，到了年底，终于在站长的支持下，组建了一个理事会，而我，被大家推举为领队。

其实之前从来没有接触过助学，也不知道应该怎么去做。于是我开始在网上搜索与助学有关的词汇：希望工程，希望小学，助学，资助，解海龙，贫困学生，贫困县……在了解到解海龙原来就是大眼睛苏明娟那张照片的拍摄者后，我由衷地佩服他、崇拜他，于是给他写了一封邮件，希望能够联系到他，很可惜，一直到现在都没有收到他的回信！

后来，我发现了很多来自民间的自发的助学组织，他们在用自己薄弱的力量，肩负起一个个山区孩子的希望，我被深深地感动了。记得莫凡有一次说过这样一句话："他们在做着与自己利益完全无关的事情。"是的，这些自发的民间的组织，他们的发起人，他们的管理者，不但得不到一点好处，还会因此影响自己的工作、前途、家庭、身体……

我萌生了加入他们的想法，一是为了把自己论坛的活动做起来；二也是想真正地参与到助学工作中来，不仅仅是以一个资助团队的身份。

我注册过广州青年志愿者协会论坛，很遗憾，他们全都说广东话（包括在论坛打字），我看不懂，跟他们没办法交流，于是，我待了几天就离开了……

我还注册过希望之光，这是一个很成功的助学组织，还有乐助会、春蕾助学网等，很多很多的网站，可是，也许是我们没有缘分吧，我都没能在这些网站留下来。

我就这样一直寻觅着，搜索着，不知道什么时候才能够找到自己想要的那种感觉、那个平台，直到有一天，我看到了一个叫“爱心小站”的网站。这是一个云南白族老师自己创办的助学网，他从花10元钱上网发布几个贫困孩子的信息开始，到今天资助了五六百个孩子，已经走过了五年多的岁月。这一次，我留下了，而他们，也接纳了我。

于是，我成了一个真正的助学志愿者！那一天，是2005年的1月7日！

注册了爱心小站的第二天，我在点论坛下面链接的时候，进入了另一个网站，她叫“走过麦田”。就是她，给了我生命里最大的转变；就是她，让我下定决心放弃自己的工作，决定做一个全职的助学志愿者；就是她，让我愿意，为这些贫困孩子，付出我一生的力量！

2005年初的麦田，还只是莫凡的私人论坛，有注册会员150余名，每天有二三十帖。

论坛最先吸引我的是第一个版块——设计义盟。这是跟爱心小站合作的一个项目。合作方式是，由爱心小站去拉一些广告设计业务，然后由麦田组织设计人员进行设计，所得的收入全部返回爱心小站用于资助贫困学生。

看了这个版块的内容，还有莫凡的第一个走访帖——《走访在大山》，我很震撼。说真的，这是我看到的第一个能够这样真实、这样生动地反应贫困地区生活及教育状况的帖子。走过许多网站，我知道他们都有一个观念，那就是低调。很多网站根本不屑于进行宣传，他们觉得宣传跟做公益助学是相悖的，是不合理的。他们宁肯让资料在网站上等人来发现，来资助，也不肯主动地把资料发布到其他的地方。这或者就是麦田跟其他组织的一大区别吧。

论坛的站长很热情，也很随和，论坛里朋友们都拿他开涮，我很吃惊，也很好奇，觉得这个人真的是与众不同。而更让我吃惊的事还在后头。

我初到爱心小站的时候，发了一个帖子，建议大家捐款给贫困学校订阅《读者》，多年来看《读者》让我学到了很多东西，也明白了很多做人的道理，所以我觉得应该把这本书介绍给贫困地区的孩子。小站的管理人员否定了我的建议，因为他们觉得小学生还不适合阅读《读者》，内容对他们来说太深了一点。

然而，我不甘心，于是我在麦田里又发了一次。很快就看到站长莫凡的回复，说谢谢我的建议，并且说要送一套他的画册和台历给我！或许这是我做助学以来得到的最大的鼓励吧，我的开心和激动实在无法用语言来表达，我觉得我找到了，找到了适合我的地方。

于是，我留在了麦田。

那时候我们管莫凡叫寨主，而我们自己叫喽啰。我们每天都在论坛灌水，开玩笑，涮莫凡。莫凡是做设计的，所以论坛里有很多他的同行，也有设计方面的版块，于是，我就到很多其他论坛去搜索相关的帖子转过来，广告啊，海报啊，好看的图片啊，很多很多……

也不知道是到了麦田的第几天，反正没几天。莫凡发消息给我，说请我做版主。天，这么容易就做版主啊？我真的是没有想到呢。我很开心，又有点紧张，怕自己做不好。我问他，我应该做哪一个版的版主呢？莫凡的回答，吓我一跳："做灌水区和小城故事的版主吧！"哈哈就这样，我在到麦田刚刚几天的时间里，就一跃成了麦田的管理人员之一，哈哈！

我希望自己的表现可以一直都很好，所以总是很用心地去搜索一些我觉得很精品的帖子转到麦田来。有一次，我到了一个叫艺术论坛的地方，竟然发现了莫凡的水彩画，我在帖子后面跟了一句，说自己很喜欢楼主的水彩画。过了两天，又去看的时候，就看到了莫凡的回复："天，怎么在这儿碰到你？"

然后我和莫凡有了第一次比较深入的聊天，也第一次领到了宣传麦田的任务，即到其他的论坛去发帖子《走访在大山》《莫凡的水彩画》，以便吸引更多的人来麦田。那时候的目的，倒不仅仅是为了助学。因为那时候的麦田，还只是一个单纯的个人网站。然而，也就是这些宣传，为麦田计划的正式成立起到推动的作用。

六月的某一天，我从老家回到公司，在论坛看到有人发帖子，说莫凡不见了。很奇怪，又不觉得奇怪。以莫凡的个性，想做什么事，也未必会跟大家打招呼。只是论坛没有他，显然少了些许生机。

然后，在他的博客里，发现了一首诗：

我　走　了

我走了
离开这片熟悉的麦田
不是我不眷恋
我只想看看麦田外的那片原野

我走了
走出这个习惯的空间
不是我不思念
我只是去寻觅更遥远的呼唤

我走了
悄悄捎去麦田的一朵白云
藏到我沉甸甸的背囊里
然后
搁在那干旱的凹地上
让她化作一场盛夏的春雨
湿润那龟裂的希望

我走了

但我一定会回来

带一把黄土

洒落在麦田上

再告诉你

一个关于山那边的故事……

我知道莫凡去了哪里，那是一个有他梦想的地方。我很期待，不知道他这一次会带回什么礼物给我们、给麦田。

后来有一天，接到莫凡从云南某个小县城打来的电话，他的语气里有着很明显的兴奋、激动。莫凡说："种子，我有一个计划！我需要你帮忙！"

我说："好的，你说！"

"不，不只是你要帮忙！我需要全体麦民的帮助！"

"到底怎么回事，你快告诉我啊！"我的好奇心一下子起来了，很想知道到底是什么样的计划，需要全体麦民的帮助。要知道，那时候的麦田，已经有四百多个会员。需要四百多人一起帮忙的事，到底是什么呢？莫凡就是莫凡，他又什么都不肯说了。我只好继续期待，期待谜底揭开的那一天快点到来！

莫凡从云南回深圳后，熬了几个通宵，然后，我们看到了他的第一份礼物——请求援助，为贫困小学建立图书室。帖子反映的是云南大理云龙县一个叫皂角达的小学，破烂的墙，完全被损坏的玻璃窗，昏暗的教室里，闪烁的眸光。我看到了那个女校长，很干练的样子。可是，当莫凡告诉我她实际只有23岁的时候，我的心里像被针刺过一样，很紧很紧地痛了一下。因为我从看到照片那一刻起，就以为她至少有35岁。帖子的内容是想集合大家的力量，为这个学校建一间小小的图书室，能够有100~300本课外书就行。

我很兴奋，马上告诉莫凡我把这个帖子转贴到其他网站，让更多的好心人来支持。莫凡不同意，说他还有两个帖子，到时候一起发，效果会更好！可是我按捺不住内心汹涌的激情，我偷偷地把帖子转贴到了很多论坛。

那段时间，每天上班第一件事就是打开麦田看看有什么新帖子。第二件事就是把发过帖子的论坛浏览一遍，看有没有人对我们的计划感兴趣。有时候也会遇到很多不理解的人，说现在的社会骗子太多了，又是在网络上，怎么确定得了真假；还有人极尽讽刺打击之能事，编出一些稻田计划、玉米计划来对应，把我们的内容修改得面目全非……看到这种情况，每次我都会很难过，去跟他们据理力争，争不过了就自己一个人气得在电脑前流泪。还不敢告诉莫凡，怕他怪我私自行动。

有时候也会遇到有人真正关心我们的计划，想要参与，然后提出一些实际操作的问题。而当时的我还一点数都没有，不知道到底应该怎么做。于是，只好去问莫凡，莫凡对我的过分热情无可奈何，但也对有人支持我们的计划感到万分的高兴。

这中间，麦田发生了一个飞跃，就是网易的支持。

一开始，我把帖子发到网易。可惜，没有人注意到这个帖子。没过多久，驴友版的一位MM在网上发现了麦田计划，然后她联系了义工联盟的版主，重新发帖，然后进行了推荐、置顶。有版主支持就是不一样，这个帖子在三天里点击量超过了两万次，很多人循着帖子里的网址来到了麦田。一些网站也开始纷纷支持我们的计划，在网站内进行图书的募集。

我们真的是太开心了，没有想到会有这样的效果。然而，跟着又出现其他的问题了。为了接受网易过来的热心人士的咨询，我们建了一个QQ群，叫走过麦田。这是麦田计划第一个QQ群。

然而，我们实在没有想到，原来有一个QQ群是这么麻烦的事情！ QQ群在两天时间内就加入了近80个人。群里从早到晚都一直热闹非凡，每个人都在问我，要捐书怎么办，要捐款怎么办，要资助孩子怎么办……也有人问，你们是民间的还是政府的？你们的行为可信吗？你们为什么要做这些事情？你们有什么目的？

从QQ群公布开始，我有整整两个白天，几乎没有做自己的事情！一直在跟大家讲解。同样的问题，这个问了，答了，一会儿又有其他的人问了，又再回答一次！

那两天可能是截至当时为止，我这么久以来最忙碌的两天，两只手在键盘上不停地敲打着，键盘整天都啪啪地响着，脑子一刻不停地转动着……真累啊！最令我苦恼的是，我没有时间去论坛了。两天下来，我发现这样是不行的。以我一人之力，怎么可能应对这么多人呢？如果这是打仗，我估计我早就成一堆烂泥了！

于是，在群里发了一个公告，说明将在某时将群关闭，请有问题的朋友到论坛发帖子。因为这个公告，又引来不少麻烦。有人问，为什么要关闭群？是不是我们提的问题你们回答不了？为什么要回避我们？有什么不可以敞开来说的？于是我又跟大家解释，然后在预定的时间关闭了群。

大家一开始不习惯上论坛发言，很多人在QQ里问我，为什么不保留群呢？群里交流直接方便得多。可是我没有三头六臂啊！！还有一个问题，这个是比较让我们头痛的：很多人都想要直接资助孩子，而麦田只是筹集图书。于是，很多人带着希望而来，却又带着失望而去！

当时麦田的几位志愿者，莫凡、阳光、水瓶、小徐和我，我们又在QQ里开会讨论，到底要不要开展资助呢？作为设计义盟，以前是支持其他助学网的一个项目。现在要单独来自己做，那么，跟那个网站的关系会不会受到影响？这其中要考虑的问题，太多了！当时小站又没有等待资助的孩子供想要资助的人选择，我们应该怎么办呢？

莫凡思前想后，终于决定，麦田也开展资助孩子吧！于是，另一个项目——麦苗行动：我要上学应运而生。我们尝试了一种新的助学模式，就是把同一个乡同一个年级的孩子转学到一个学校，成立一个班——麦苗班，进行统一的资助，一方面可以安排专门的师资进行教学；另一方面，信息的反馈可以很及时，而我们的志愿者小徐当时就在一个完小任教，他可以负责跟教育部门沟通。

我们都觉得这个办法挺好的，但方案发上论坛，却遭到很多人的反对，他们觉得这是给孩子戴上了一个贫困的标志，会让他们被别人看不起。也有人觉得这个方法挺不错。因为这个，论坛上也开始了辩论，而最终的结果，就是有一些人离开了麦田。

那时候很是痛心。麦田刚刚开始，有一个人离开对我们来说都是一个打击，也会对其他人造成不好的影响。然而，天要下雨，娘要嫁人，很多事我们也控制不了。

这个方式最终还是确定下来，我们决定先试行一个班，看这种方式的效果如何！于是，小徐老师开始了他的走访工作，每天早出晚归，晚上我们就在QQ里语音录学生资料。这就是我们最初的工作方式！有一次小徐老师病了，他休息一两天后又继续麦苗班孩子的走访。晚上，我们一样在QQ里语聊录资料。

他说了一件事情。

孩子们知道老师病了，都来看他，有的给他带来了青菜，有的带来一把花生。而有个女孩，带来六个鸡蛋。女孩说："徐老师，本来我想送给你七个鸡蛋，你能一个星期每天吃一个鸡蛋。可是我们家的鸡，只下了六个！"

女孩很不好意思，小徐却感动得不知道说什么。

我听到这个故事，当时就哭了。

其实面对这些贫困我不是很容易被感动到流泪。有时候我觉得自己心肠挺硬的，虽然我在做这些事，但我不会像其他的志愿者那样，动不动就流眼泪。而总是一些小事、一个场景、一个身影，让我鼻子发酸，眼泪止不住。

我为这些孩子的单纯和无私感动！六个鸡蛋，对于我们来说，可能就是两三块钱的小事，而对她来说，却是一个家里的全部！她拿来了全部，不仅没有感觉到不舍，还觉得不够，不能让老师一个星期每天吃一个！

小徐老师还说了一些事，让我心里特别不是滋味。当地的教育部门规定，如果学生欠学费，老师又不愿意孩子失学的话，就要老师代交。老师们大多心软，于是每个老师都会代一些孩子交学费。

孩子们交不上学费，还不了老师的钱，于是每学期都给老师送扫帚。家里收了高粱，家长就编几只扫帚让孩子给老师送去。于是乎，每个老师的床下都堆满了扫帚！

我很想哭！却又哭不出来！憋得慌！

其实我一直是个度量不大的女人，常常跟别人怄气。自从做麦田志愿者后，我也注意在这方面对自己进行调整。那时候麦田刚刚开始，每多一个人咨询，对我来说都是莫大的喜事，所以，绝大部分时间，我都表现得很好！

时间长了，麦田在网易义工联盟有了一定的地位，也引起了其他一些民间组织的妒忌。于是，就有一些人在网易的麦田帖子里骂人、骂政府、骂麦田、骂志愿者、骂所有他们能够骂到的人和事。还有一些人，冒充麦田志愿者在帖子里回复一些禁止发表的内容，比如汇款账号什么的，想以此来打击麦田的发展。

面对这些现象，我真的很生气。麦田确实发展得很快，因为麦田跟其他大部分组织有一个最大的区别——麦田的发起人莫凡是做设计出身的，他有他的一套宣传理念。他做出来的帖子，震撼又漂亮！别的组织没办法在这方面超越麦田，于是就有少数一部分人想通过各种各样的手段来破坏麦田。

印象最深的一次，是一个叫TMT的网易网友，加了叶子的QQ说要领养一个孩子。叶子回复他，麦田只是助学，没有涉及领养。而领养国家有明确的规定，需要办理复杂的手续，我们帮不到他。谁知那个人就开始耍赖，说麦田既然是公益组织，为什么不能为需要的人提供需要的帮助？既然不提供帮助，麦田还有必要做下去吗？

由于他说话特别不客气，又特别不讲理，叶子就把聊天记录发到群里给我和莫凡看了，我当时就特别生气地说："叶子，你别理他了！让他来找我吧！"

一会儿，他真的加我了！由于想到刚刚叶子在他那儿受了委屈，所以我在一开始就带着很大的情绪跟他交流。于是，没说几句，我们就谈崩了，他就开始骂我，很粗野的话！我气坏了，回敬了他几句后，把他拉入了黑名单！

没想到，这个人竟然把我们的聊天记录发到了麦田论坛上。很多人都看到我们的谈话，还有他骂我的那些脏话！莫凡要我把帖子转移到管理区，封掉他的ID，他又注册新的，又发帖子！如此三番四次，他才罢休！

然而，事情并没有到此结束，他又把聊天记录发到了网易义工联盟！这下我们没权利删帖了。只好眼睁睁看着！我心里火烧一般！后来义工联盟的版主出面为我说话，说不管我有什么不对，他骂人就是有错。并锁掉了他的帖子！

因为此事，网易里吵了好几天！而我们最后发现，那个人，原来是另一个助学网站的一个版主！回想跟他交流的从头到尾，他的用意已经相当明显，就是想激怒我们，让我们犯错！

这事让我知道了，人有多么可怕！虽然都是做公益组织的，虽然都是以帮助贫困孩子为己任，却依然有竞争、有厮杀！我把那个人发的几个帖子都留在了自己的私人空间，虽然看到他骂我的话，我依然恨得咬牙切齿。但我也知道，我需要告诫自己，面对这样的人自己不应该这样沉不住气！这就是教训！

后来，莫凡在QQ里问我，种子，你今天哭了吗？麦田从一开始到今天，我不知流了多少泪，但那一次，我竟然没有哭！我告诉莫凡:“没有！只是觉得浑身发热！”

很多天以后，在一次跟莫凡的聊天中，他似乎不经意地说起，种子，其实那次你也是有错的！嗯，我明白的！我知道如果这件事换一个人来处理，结果也许不会这样子！当然，那个人他也失算了，麦田并没有因此身败名裂，反而得到更多人的认同！

广州活动终于定下时间，2005年10月29日！很开心，却又很失落。因为我没有办法跟大家一起感受活动时的激动场面！

参加活动的有广州青年志愿者协会启智组、广州大塘义工、网易义工联盟、广州图书馆，还有图书馆附近的一些学校。一年多过去了，这一次活动仍然是麦田最大型的一次。金黄色的麦服在整个活动中成了一道靓丽的风景，还有我们的麦旗、我们的Logo。

来参加活动的还有来自全国各地的麦民：猫、七七、海豚、polo、校长、小学、磊子、一十、猪猪、木木、宝宝，还有好多好多，我叫不出名字的朋友。

当我看到活动的照片，看到一个又一个熟悉却又未曾谋面的可爱的麦民，我多想跟他们一起啊！还有那张几百人的大合影，那样壮观！可以想象有多少人跟我一样，这么感动，这么羡慕！

活动是采用纪实影展的方式，把莫凡在走访时拍下的照片制作成展板，加上文字说明，摆放在广州图书馆的展览大厅里，供大家观看！活动现场非常感人，很多人在观看的时候都红了眼睛。很多人都非常震惊，他们没有想到，在这个世界上，当他们已经不再为衣食担忧，而是为生活的质量发愁的时候，还有很多很多人吃不饱饭，上不起学！还有一些孩子，他们没有衣服穿，只好用饲料口袋缝起来穿……

字赵雄，一个学前班的孩子，母亲先天右眼失明，父亲在打石头时被石头砸伤了腿导致残疾，一家六口人仅仅一间不足15平方米的破烂小屋！整个家里唯一的家什，就是一只烧水煮饭的水壶！没有床，唯有三块木板，放在小屋的三个方向，供一家六口人住宿！照片里孩子皱着眉头，抬头望着拍照的叔叔，眼里充满了疑惑还有期冀……

姚若秀，一个初三的孩子，父亲在很多年以前外出打工，杳无音信！母亲肩负起两个女儿读书的重任，还要养活五个年迈的姑姑！家里以前的猪舍，已经成为姑妈的卧室！而母亲呢？她依然坚毅，她咬着牙拼命劳动，她坚持要两个女儿都继续上学！还不欠学校一分钱的学费！

感人的故事太多太多了，这些画面，无不敲打着城市人们的心坎！让他们一阵阵地刺痛，让他们觉得必须要做点什么才能对得起这一双双期盼的眼睛！

活动结束后，麦田计划有了两个团队，广州团队和北京团队！这是麦田计划的又一大进步！很多助学组织都只是在一个较小的范围内活动，而麦田却很大胆，想成为一个全国性的组织，想帮助全国需要帮助的人，想感动全国需要感动的人！

2005年9月，莫凡听说在湖南古丈的断龙乡，有一所篱笆墙的小学，他决定去看一看。月底的时候，莫凡和水瓶一起去了湖南古丈县。

当那所篱笆墙的学校映入莫凡的眼帘，当随行的校长告诉莫凡，这就是学校的时候，莫凡实在不敢相信，却又不得不相信。茶叶坡村离断龙乡有几十里，低年级孩子们不可能走那么远的路来上学，所以在茶叶坡建了一个校点，一个老师，13个孩子！

教室是跟当地的村民借的，篱笆墙已经非常的破旧，根本不能遮风挡雨，很多地方都拉了塑料布，但塑料布也有很多地方破损了。当时是九月底，还不太冷，可是莫凡已经想象到，在寒冷的冬天，肆虐的狂风是怎样刮过孩子们稚嫩的小脸……

莫凡想到了自己的麦想计划。记得发起麦想计划的时候，莫凡说，我只想告诉自己：尽能力，不管成败！我只想告诉大家：只要努力，一切都有可能！他的心怦然一动，我是不是可以把麦想计划变成麦想行动了呢？在了解了建一个教室所需要的费用后，莫凡告诉校长，我尽量想办法，为茶叶坡修一间教室！

离开篱笆墙学校的时候，莫凡和水瓶在孩子们的欢笑声中踏上归途。在山下，莫凡远远地回望，那十几张可爱的笑脸，在阳光下显得那样灿烂，那样动人。莫凡被感染了，他在心里对孩子们说：孩子们，你们尽情地笑吧，尽情地享受你们快乐的童年，好好学习，麦田计划将连同全社会，为你们建起一所无惧风雨的知识殿堂……

回到深圳，莫凡发了一篇帖子——《篱笆墙内的孩子》。发帖之前，莫凡把照片发给我看，说要做成麦田最经典的一个帖！是的，这个帖确实非常经典，破旧的篱笆墙，孩子们清澈的眼睛，阳光透过篱笆照在孩子们的脸上，他们都露出最纯净的笑容！还有篱笆墙学校里唯一的老师——小彭老师，那张青春无瑕的面孔。每一张照片都令人震撼，它深深地打动了每一位读者，也时时地敲击着每一个心灵！莫凡的计划是发动全球的爱心人士，以每份200元为标准，在半年内为学校筹到4万元的资金，到2006年夏天的时候开始建校！

让人意想不到的是，在短短的一个半月时间内，我们就筹到了4万多元钱！捐款来自全国各地还有美国、加拿大、新加坡等海外国家。不少的麦民，捐款人都很着急，说冬天就要来了，孩子们在那样的学校里上课，令人心疼啊！看到大家急切的样子，莫凡也忍不住了。

于是，在11月就将建校的款拨到了学校，请学校方面尽快将学校建好！

2006年2月16日，来自全国各地的麦民20余人，一起到达了湖南古丈县断龙乡的茶叶坡！我们来参加学校落成典礼了！2月的断龙，一直下着小雨，大山里还飘浮着一直不能散去的雾。当中巴车再也不能前行时，我们不得不下车步行。我们带来了很多给孩子的礼物——书包、文具盒、衣物，还有阿乐给学校买的电视机和VCD……雨水淋湿了每个人的衣服、头发，却淋不湿我们充满激动和向往的心情！脚下的路满是泥泞，却阻挡不了我们前进的脚步！

到了，到了！眼看着前面就是茶叶坡了！

突然，前面传来一声清脆的爆竹声，响彻山间，紧接着，噼噼啪啪的鞭炮声不断响起！原来，是村里的村民到村口来迎接我们！他们沿着小路排成一排，每人手里都拿着鞭炮，一个放完了，另一个又接着放，每个人的口袋里，还装着更多的鞭炮，放完一串，又接着放另一串！一直到我们一行人最后一个到达学校！

孩子们都来了，全村的村民也都来了，他们站在学校的外面，迎接我们的到来，我们每一个人心里都感觉到特别的幸福，为了麦田能够圆他们一个梦！

开学典礼上，村长激动地说，这是村里百年来的大事。从此，茶叶坡有自己的学校了！当校长和莫凡揭下校牌上的红布，我们看到那个牌子上的“麦田计划第一小学”时，热烈的掌声响了起来！我在心里默默地说：“谢谢这些孩子给了我们一个表达爱的机会！”

记得准备拍照的时候，我们发现有一个女孩的头发特别乱，似乎从来没有梳过也从来没有洗过。水瓶和冬雪拿出随身带的梳子为她梳头，可是怎么梳都梳不开，很多头发结在一起，最后为了不耽误大家的时间，只好用橡皮筋给她全部扎在脑后。她的衣服也特别脏，我们说从带来的衣物里找一件适合她穿的给她换上，却发现带来的都是夏天的，现在不能穿啊！不知道谁出了个主意，说找一件稍大的T恤给她套在外面，于是，就有了《断龙的春天》那张合影，前排正中那个穿着棕色棉衣、外面套着白色T恤的腼腆小女孩，我一直记得她的名字，叫田开香。

很幸运，我被安排给孩子们发礼物——我们在古丈买的书包和文具盒。当我准备发给孩子们的时候，小彭老师突然说了一个问题，我愣住了。

茶叶坡以前是13个孩子，所以我们买了13份礼物，但小彭老师说，开学的当天，又有一个孩子来报到了，所以，现在茶叶坡有14个孩子了！14个孩子，13份礼物！怎么办呢？我犯难了，我想，对于每个孩子来说，这份礼物都非常重要！就在我不知所措的时候，冬雪佳芸突然想起，她带来的一包衣服里有一个书包！打开包翻出书包来，有八成新，我心里总算松了一口气！虽然书包不是全新的，但总比没有强啊！

发书包的时候，我跟每一个孩子拥抱！他们都很不自在，我觉得我也是！麦民们在见面的时候都喜欢拥抱，可是面对这些孩子，我觉得我有些手足无措。我有些担心自己这样会吓着孩子。

仪式结束以后，大家在坝子里休息了一小会儿。我抱了小种子最喜欢的那个女孩。我问她叫什么名字，她很害羞，声音特别小，加上语言不通，说了好几次我都没听懂。后来问了小彭老师，才知道她叫田婉婷，我不仅在心里暗暗地佩服给她取名字的人，这个名字真美！而且，很巧的是，我一个姐姐出嫁在湖南，她的女儿的名字是我起的，叫田婉莹。我觉得或许这是我们之间的缘分吧，女儿一看到她的照片就特别喜欢她，嚷着要跟我一起去看她。我想，等女儿长大一些，我一定会带她去湖南，去看看这位跟她差不多大的小姐姐。

有人来叫我们吃饭了，于是大家又一起去村长家。村里听说我们要来，早早地做了准备，买了很多菜，还有腊肉。大家都觉得很过意不去，太劳师动众了。饭后，我们按麦田的规定，把餐费交给村长，一再强调这是我们的规矩，村长才勉为其难地收下了。

大家都嚷着要去看旧的学校——篱笆墙学校，我也很想去，但我们还有正事要办，只好留下了。

此行的另一个任务，是给麦田的一个受助孩子——杨俊送捐款来的。她是一个苦孩子，从小就得了一种膀胱疾病，不能自己小便，于是在腹部开了一个口子，用一根管子把小便导出来。麦田为了她能够得到治疗，发动大家为她捐款，在很短的时间内筹到了1万多块钱！当大家满怀信心地等待她康复的消息时，长沙的湘雅医院却得出结论：小杨俊的病是先天的，目前国内国外都还没有彻底治疗这种病的办法，唯一可行的就是保密疗法——用管子导小便。

听到这个消息的时候，所有麦民都惊呆了。看着小小年纪就充满忧郁眼神的孩子，我们的心里好痛！很难想象，那根管子将要伴随她的一生，还有每个月一次的管子更换！孩子，你承受了多大的压力啊！无奈之下，我们只好把检查后的余款全部交给孩子的父亲，用于孩子今后的治疗费用。

孩子的父亲知道我们要来，早早地赶到了茶叶坡，而杨俊一声不响地跟在她父亲的身后，没有一丝笑容。当我们把钱交给杨俊爸爸的时候，她对着我们深深地鞠了一躬，我们张皇得来不及阻止她！

离开的时间到了，我们不得不踏上归途。乡亲们全都来送行，鞭炮声再次响起。我们走在前面，乡亲们则跟在后面，一边走一边放鞭炮！我们都说，不用送了，大家回去吧，他们也只是笑笑。大概送了一两里路吧，在一个拐弯的地方，他们终于停下了！所有的麦民都哭了，大家闷着脑袋，默默地往回走，不时地回过头去看，乡亲们还站在那儿目送我们，一直不肯离开。天空中弥漫着鞭炮爆响后的烟雾，让所有的景象都显得朦胧，仿若梦中！对乡亲们质朴的表达方式，每个人的心里都充满了感动。我们投入的其实只是很少很少，他们却回报我们那么那么多！我想，每个人心里都会想，除了做得更多，我们还有什么方法可以回报他们给我们的感动呢？

回去的路上，大家没有了往日的嘻嘻哈哈，也许是累了，也许大家的心还留在茶叶坡，留在麦田第一小学。

当车子驶过王村的时候，我从车窗望过去，留恋地看着河对面传说中的芙蓉镇，在心里默默地期盼着有机会的时候能够再来，期盼着能够去镇上看看。记得第一天从那儿过的时候，大家都非常惊奇，觉得那个寨子的房子好有特色，当小彭老师告诉我们那就是芙蓉镇的时候，每个人都想去看看。可是，因为时间有限，我们还有很多的事情要做，最后只在河的这面拍了几张照片留恋。

车子不在古丈停留了，一直送我们去长沙。我的短暂的第一次走访也到此结束。我在心里默默地想着，下一次来，不知道会是什么时候？

（种子）

02 麦子熟了
——很高兴见到你

2005年，年轻的画家莫凡准备帮助山里面没有课外书、没有读过童话故事的孩子们募集一些书籍。他计划把自己的个人网站改一下，号召更多的人来一起做这件事情。那时候，他想起了秦川大地上每到麦熟的季节，成群结队去帮别人收割麦子、收获丰收喜悦的麦客。

16年后，“麦田计划”的“麦客”们，已经遍布全国90个城市。平日里他们只是普普通通的打工人、996、白骨精、程序猿、佛系青年……

走访途中，因为修路小车无法载人通过，大家下车步行一段

一到假期，他们就披上橙色战袍，活跃在城市、乡间，穿越大多数人可能无法想象的连绵大山，忙忙碌碌，为那里的孩子们带去希望，也为城市的爱心人士们收获欣慰和喜悦。当然，也享受着局外人不能体会的快乐和满足。

2021年“五一”小长假，转变的机会来了！

目标：广西！大化！七百弄！出发！

2015年，深圳团队设立“麦苗成长计划”项目，第一个班落地大化七百弄，开启六年的结对资助。

2018年暑假，这个班的孩子们小学毕业，为了让他们开阔眼界，坚定走出大山的信念，深圳团队邀请他们到深圳进行为期一周的夏令营。

2021年5月，这些孩子马上就要初中毕业了，“麦苗成长计划”C1班要收官了，我们要再去看看那些孩子，代资助人了解他们的现状，问问他们对于未来有什么想法。

情人湾

为了避开“五一”出行高峰，我们提前半天出发，赶在1日凌晨3点到达大化，于是有机会再到红水河，重游情人湾。

2013年到大化走访，留下许多难以磨灭的快乐回忆。离开的时候，喝了大化麦友大话王的陈酿葡萄酒，我写了一首打油诗：

大化山水留人醉，临别挥手意徘徊。
且把美酒葡萄酿，留待明年麦客来。

谁知世事无常，再来已经是八年过去了。

情人湾码头修缮一新，红水河的风景依旧美丽。乘上小船，在

2013年大化走访留影

夕阳中溯流而上，波光粼粼中看两岸青山倒影、远处白色的房屋升起了炊烟，耳边孩子们嬉笑声声……

艄公说，原先这里是一个巨大的溶洞，洞里有块大石头形似一只大狗，最开始是叫赶狗洞，由于壮语中狗的读音类似普通话的马的读音，慢慢就演变成赶马洞。后来修建大化水电站，溶洞大部分被淹没了，只留下洞顶一小部分。

如今的赶马洞只能供一条小船进入，观看洞顶亿万年形成的钟乳石，听一听曾经的故事。

来不及一一捡拾当年欢乐的足迹，也没时间再去品尝津津乐道了好多年的黑山羊、百弄鸡、红水河鱼，还有许多麦友闻之变色的羊瘪汤，踏着暮色一路飞驰回城。

回访前的培训必不可少，给孩子们的礼物需要分装，进山的干粮得提前准备——毕竟“两百元一口的鸡”已经是大化走访永远绕不过去的梗。

伟大的祖国

第二天一早进山，因为“八里九弯”路段公路塌方封路，只能另外走一条路多绕一个多小时才到七百弄乡。

看来我和大化这个著名的景点终究有缘无分，来了三次，都缘悭一面。

我们的车打头，顺着二师兄提供的手绘地图，本地的柳吉指路，到了江栋村，转向一条小路。从村子里穿过去，前面出现一条坡度超过60度的水泥路，司机过于轻敌，一把没上去，只好倒回来重新冲。

然后一路之字形陡坡盘旋，左转右拐，五菱神车嘶吼着、颤抖着，在一车人的提心吊胆中从山脚冲到山顶。我问：“是不是过了这个山顶就好了？”柳吉淡定地回答：“嗯，反正还有好多个山顶。”

我：……

很多人可能都从短视频中见识过“基建狂魔”建造的高速公路和跨越大山峡谷的大桥，农村的朋友都知道近些年中国基本实现了村组通水泥路。毕竟要想富先修路，为了脱贫攻坚，中国坚定地打

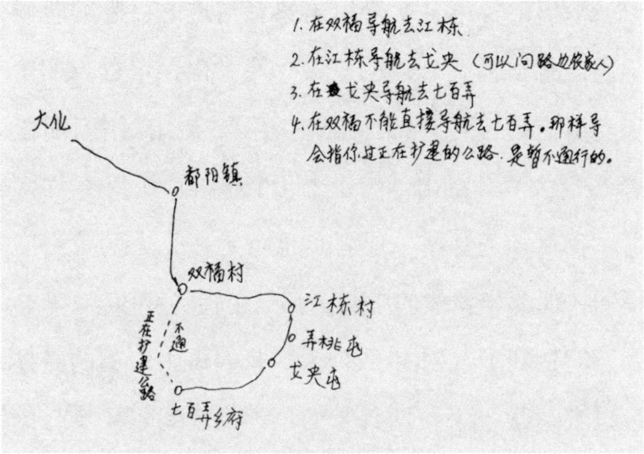

路边小店热情的老板帮我们手绘的进山地图

“十万大山”，我信了

通着每一条“毛细血管”。

但只有你来到七百弄这样的崇山峻岭之中，直面那些在岩岭之间曲折、蜿蜒、坚定向前蔓延的一条条通天之路，你才能真正领略到中国这个“基建狂魔”的威力。

十年前，第一批麦田志愿者走进七百弄的时候，为了走访一名学生，常常需要翻过一座又一座大山，单程三四个小时，由此留下了麦田走访“下午4点必须返程”的规矩。南宁团队的唯美，曾经扛着20斤大米，翻山越岭走了几个小时，送到学生家里。

我不知道这些志愿者负重行走在无人的荒山中时，有没有过恐惧和彷徨，毕竟他们中很多都是年轻的女孩子。

但是到了2021年的今天，我们再去回访的时候，车子基本上都可以到达学生家一两百米的范围内。偶尔要步行的，也是因为“开车和走路差不多时间”。

因为这次是回访，主要的工作是询问和对比学生从上次回访之后家庭各方面的变化，以及初中毕业后预计的去向。

每一条路，都是悬崖

在这些学生过往的表格资料中，失孤、疾病、债务、多子女上学等情况是家庭陷入困境的主要原因。而在这次回访中，大多数家庭的经济状况都得到了根本性的好转，家里债务正在逐步偿还中。上大学的孩子，有助学贷款。有慢性病的家庭成员，都有政府办的医疗卡。

上初中的孩子，没有学杂费，学校包两餐，学生的主要开支来自早餐（一般每周15~25元零花钱）和交通（尽管已经通路，我们去最远的学生家，还是有超过一小时的车程，沿途的学生组织拼车接送，每三周回一次家，按路程远近，最远的学生500元一学期）。

只有上高中的孩子，会对家庭造成较大的经济压力。但对于这些有志气的孩子，家长也会视为家庭的希望，尽力支持。

可以预见，在未来的几年，越来越多的家庭会摆脱经济的困境，越来越多的孩子会挣脱生活的泥潭。

提到未来，孩子们的眼中有憧憬，家长们的眼中有期许，这是我看到的最令人欣慰的改变。

柳吉

出发前群里公布回访分组，24位志愿者，分为8组，每组3人。按照惯例，一人负责询问，一人负责记录，一人负责拍照。

分组的原则是不同地域志愿者组合，老带新。这样可以使新人快速成长，而且不同团队的志愿者往往因此结下深厚的革命友谊。

我找了找自己的名字，第八组，组长。

这下打酱油的梦想破灭了！

再往下看组员：

柳吉，来自河池，有回访经验。

第八组志愿者合影：俺是文盲（深圳）、柳吉（大化）、笑看风云（南宁）

笑看风云，来自南宁，新人。

还好，有本地志愿者在，不用慌。

那时候我不知道我的组员们是怎样的宝藏！

风云哥是一个头发花白的老大哥，走过南闯过北，开过车养过蛇……现在的职业是正骨师傅，生活的主要内容是到处去钓鱼。人生阅历可以写一部传奇，车上聊得大家心驰神往，果然是历尽人间千般滋味，如今只想笑看风云。

而柳吉，一直在刷新我的认知。

开始以为她是一个河池本地的麦友，二师兄跟我说，她是曾经的麦苗班学生，现在的志愿者。

晚上培训时是让我内心颇有微词的迟到小女孩，然后206帮我打听到她自幼失怙，由大伯带大，好不容易回来一趟要给行动不便的伯父做点好吃的。

进山时她是熟门熟路的本地导游，回访时她是认真负责的志愿者。拍照时她是害羞爱美的小姑娘，和孩子们聊天时她是细心体贴的大姐姐。

她对我们说："正是因为她自己是从这样的环境里面走出去的，才深刻认识到外面的世界多么有吸引力。那些十几岁就结婚生小孩的年轻人，当他们接触到外面的世界，就都后悔了，但是已经太晚了。所以她要做麦田志愿者，把自己的故事讲给更多的孩子听，告诉他们一定要读书，一定要走出去。"

她一遍一遍地和我们走访的学生们说："外面的世界真的很大，很精彩，不管以后是不是继续读书，都应该努力去外面的世界看一看。"

她说："叔叔阿姨哥哥姐姐们帮助我们，不是说想得到什么回报，而是希望我们有机会改变自己的命运，将来有能力的时候，也可以去帮助其他需要帮助的人，把这一份爱心传递下去。"

她和这个班的班长说："以前我也是麦苗班的班长，现在我走出大山了，在上大学，我相信你也一定可以的！今天的我，就是明天的你。"

我们回访的最后一个孩子，她的父亲去年去世了，母亲改嫁，现在她和四个弟弟妹妹、年迈的奶奶一起生活。她已经放弃了中考，决定承担起家庭的重担。她的愿望是弟弟妹妹们可以上学。柳吉一直陪着她的一个妹妹，劝说她妹妹不能放弃，要想办法读书。最终我们决定把她的弟弟妹妹们全部做一份走访表，尽量为他们寻找一对一的资助。

我在柳吉的回访感想里读到那位姐姐关于放弃中考的回答："像我们这样的家庭，我没有别的选择。"这句话引起柳吉深深的共鸣，也让我感到窒息般的沉重。

和另外一个学生聊天的时候，曾经聊到给我们带路的男生小学成绩很好，但是读初中后成绩下滑很快，她也不知道什么原因。后来我们了解到，这个男孩的父亲去年过世了。也许，这也是一部分原因。

在国家的强力支持下，贫困正在远离这片大山。但是动则五六个孩子的家庭，刚刚脱离贫困，还是非常脆弱。一旦家里的顶梁柱倒下，带来的就是整个家庭的崩溃。

好在有更多的年轻人正在走出大山，像柳吉一样在读大学的孩子不在少数。她们积极向上，天生强大。生长的环境赋予她们坚忍不拔的品质，国家和外界的帮助给予她们乐观向上的性格。

她们，就是大山的希望。

2018年，深圳，夏令营的晚会上，孩子们和二师兄玩闹

麦苗成长计划C1班的孩子们，最开始出现在志愿者的镜头前是胆怯和畏缩的；当小学毕业来到深圳时，已经可以和相熟的志愿者们玩成一片；这次我们再到他们面前，有些孩子虽然还有些羞涩，但更多的孩子可以平等交流，甚至侃侃而谈了。

我希望柳吉的愿望可以实现，几年后，这些孩子们都可以走出大山，成为更多的柳吉，到那时，麦田的愿景就真正达成了。

一方

一次走访，一个湖北人，深圳的工厂管理不做了，跑去大化全职做公益，这个人就是一方。

对于这个事情，我很多年都无法理解。但是想想当年他刚加入深圳团队的时候，和工作组在桔钓沙的海滩上产生激烈的争执，各种“怒其不争”，也就觉得“好吧，他就是那么个猛人”！

当然，猛人面对现实也总有无奈的时候，所以十年以后，和无数曾经的热血麦客一样，一方也基本上归隐山林专心种植水果。

2013年我们去走访的时候，他半开玩笑地说：“说好了到大化来开点，结果你们把我扔在这里不管了。”每次深圳团队的人过去，他都会当成“娘家人”来招待，自酿的好酒，都会给我带一瓶。深圳团队麦苗成长计划镇西班开班走访，他亲自开车带我们进山。

这次参加七百弄的回访，留恋临时有事回湖南，我家小文文没人带，我只好带上他去大化。出发前联系一方：我带娃过去，你帮我照看两天。他二话没说就答应了，一个人带娃们游山玩水，最后还带去了七百弄。

返程的时候我们去南宁的莫忘家里做客，他是河池都安人，曾经的深圳团队宣传组组长，2014年回到南宁生活，现在小日子过得

曾经的深圳团队宣传组组长：莫忘

挺滋润。也是好几年没见了，但是见了面，就好像昨天刚挥手说再见一般。

聚餐的时候南宁团队的麦友说："他们是搞培训的，他们当年工作组的骨干，现在大多去到其他团队了。"其实各个团队都差不多，蓦然回首，当年并肩作战的麦友们，如今大多散落江湖，有些还在一线战斗，更多已经隐退。

但是换个角度，这也意味着江湖处处有麦客。不管去哪里，只要当地有麦田的团队，有麦友，招呼一声，就会有人陪你一起举杯言欢，看灯火阑珊。

就好像大化的志愿者红河，为我们联系"中意故里"这个特别有文化有温度的酒店，十几年如一日，用低到"令人发指"的骨折价，提供给麦田志愿者入住。每次见面，相视一笑，足矣！

我想，哪怕有一天，我不再参加麦田的活动，如果遇到一个穿麦服的人，我也会主动上前打招呼：

你好！我是深圳团队的“俺是文盲”。

很高兴见到你！

（俺是文盲）

03 回到麦田，那里有光

大家好！我是柳吉，一个曾经是麦田计划资助的女孩，现在在百色上大学。这次回到我的家乡，参加了七百弄的回访活动。这是我第二次以麦田志愿者的身份参加活动。

活动结束了，有些人提前走了，匆匆忙忙的一张合照

2021年5月1日大家从天南地北赶到大化汇合。有的坐了24小时的火车再转班车，有的开了很久的车从深圳赶过来……从开始到结束，一切都是急匆匆的，趁着放假的这两天，要走访40多个小朋友的家，时间紧、任务重，大家都很辛苦。虽然睡不够、吃不好、坐车累，又急匆匆地回去上班，但是大家都没有什么怨言。

我从学校回去也花了几个小时，回到家稍微收拾一下赶去集合，大家已经开始走访前的培训了，我迟到了一会儿，感到很不好意思，赶紧在后排坐下来听二师兄讲注意事项。

培训的时候，我才发现有那么多的注意事项，资料的完整性、真实性都很重要，关乎接下来我们还要不要继续资助下去，所以在询问的时候一定要把问题都问全。走访结束后要及时把所有资料、照片都整理好，小组内部要讨论并严格按要求填写表格，交给助学组审核。

走访前的培训会

第一次参加走访的时候，我主要负责拍照，走访完之后我和夏天姐就和大部队分开走了，没有参与到走访内容的整理工作中，只是简单把照片整理好后发过去给组长而已。经过这次回访，我发现这个工作确实是又烦琐又细致。感觉挺懊悔的，我当初就那样走了，很对不起组长方向哥哥。这次回访他也参加了，但还是没什么机会和他说上话，在这里很想跟他说声对不起。

交代完注意事项后我们开始分物资，就是给小朋友们的礼物。每人都有一两本书，我觉得是礼物中最有意义的部分。我很喜欢看书，也希望这些小朋友也喜欢看书，能把这些书都看一看，才不枉志愿者们的辛苦募集，因为有个哥哥告诉我，这是他们开展募捐活动，别人把家里闲置的书捐出来，甚至有些书上还有笔记和折痕。其实，上一次活动的时候也有送书，但基本上是一些历史书，我不是很喜欢看。这次我看到各种各样的书都有，他们收到会不会很惊

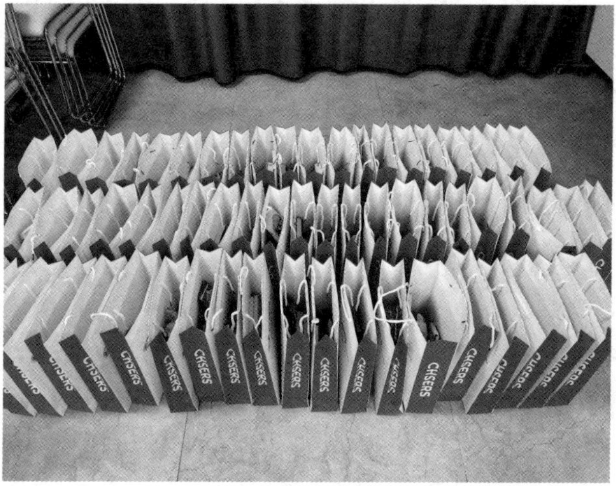

大家一起整理分好的物资

喜呢？要好好看才行呢！

相比上一次，我这次参加活动没有那么拘束，也更清楚自己应该做些什么。在小组内部分工的时候还让我做记录。这么重要的任务，让我着实担心了一下，还好一切顺利。

在走访中，我印象比较深刻的是，当我告诉小朋友我也是在这里生活，在这里学习，然后我从这个地方走出去了，以前我也得到麦田计划的资助，现在我又成了一名麦田计划的志愿者，他们都显得特别惊讶、开心，和我说话好像也没有那么拘束和紧张了。我告诉他们我也是这里的人，以前也和他们一样，但是我现在走出来了，我相信他们也一样可以。我似乎看到了他们的眼睛有光，那光在闪烁。

我不知道这是否能帮助他们这些大山里的种子生根发芽，更加坚定走出去的信念，希望他们今后无论是否读书，成绩是否优秀，都应该努力地出去看看，看看外面多彩的世界，而不是一辈子就只能待在这大山里，贫乏地重复着人生。

同时我也希望他们能看到，别人帮助了我们，我们应该学会感恩。这种感恩不是说如何报答他们，而是将这份爱传递下去，帮助更多需要帮助的人。这也是为什么我有时间的话一定要参加麦田志愿活动的原因。考上大学不是结束，停止资助也不是结束，这一份感恩和爱应该继续传下去，不论你在哪里。

在和志愿者大哥哥大姐姐们聊天时，我发现很多哥哥姐姐小时候家里也很贫穷，都是通过自己的努力才从大山里走出来。正是因为他们有相似的经历，相似的感受，才觉得应该去帮助这些孩子们走出大山，不是因为怜悯，也不仅仅是因为有钱，而是他们觉得这

路抖，有车掉队，我们下车等他们时拍的合照

些大山里的孩子可以走出大山，也许是缺个引路人，也许是因为某些物质原因，所以他们希望能尽自己的一分力量，让大山的孩子们能比当初自己走的路好走一些。

不知道小朋友们是不是能理解这些，因为以前我是不太理解的。在面对这些外面来的大哥哥大姐姐们，很自卑，自卑到不敢多说话，不敢有太多的动作，怕被笑话，怕被嫌弃，怕被看不起。这是我以前的感受，其实现在有时候也会这样。我想那些小朋友在面对志愿者大哥哥大姐姐的时候应该也会有这样的心理，才会拘束和紧张。

所以，希望在面对这些小朋友的时候，大家可以多谅解一些，他们其实很渴望与你们接触，因为你们与他们身边的任何一个人都不一样，这也是他们看外面世界的一种方式。

5月3日早上我们走访了一位小朋友，我觉得她的经历和我很像。她不打算读书了，中考也没有报名，我劝她去读技校，学一门技术，以后到哪都能养活自己。钱的问题，其实是可以解决的，就像我，有国家的低保和助学金，还参加勤工助学，节约一些，钱是够花的。

她一开始没说话，总是笑着。后来我知道了她有四个弟弟妹妹，她是老大，她的父亲因病去世，母亲改嫁了没有把他们带走，现在和奶奶住在一起。

在唯美姐和她聊天的时候，我在一边和她的一个妹妹聊天。我问她想不想读书，想不想上大学，她害羞地说："我不知道"，她怕自己在大学成绩不好。我说，大学不只是看成绩，还有很多其他方面的学习，就像一个小社会，你可以学到很多知识和本领……她似懂非懂，我又问她："你现在对大学有所了解了吧，想不想上大学？"她说："我怕我奶奶不给我读书。"

我转头看她奶奶，看上去是一个典型的山里老太太，在她们的认知里，读书成绩不好还读什么书，女孩子大了就该嫁人了。因为语言不通无法与她交流，我也不知道她奶奶会不会与我脑海中的刻板印象有所不同。

至今我还是常常会听到谁谁家的女孩子，十几岁就嫁人了，父母给找的对象，大她好多岁，她父母收了多少多少的彩礼。父母尚且如此，一个奶奶拖着年迈的身子养着这么多的孩子，能抱多大的希望供这些孩子读书、考上大学呢？

回访表上有一栏，让学生写一些想说的话，她写道："希望弟弟妹妹可以读书。"在走访快结束的时候她说："像我们这样的家庭，我没有别的选择。"

那一刻，她脸上的笑容是那么的乏力。我瞬间回想起我小学的时候，也是有那么一段不想回忆的日子。

那时我每天都很痛苦，白天在学校里上课，晚上回家坐在石凳上哭，想着要不然就不读书了吧，我出去打工赚钱，给妹妹读书。其实我的成绩很好，读书对我来说是一件快乐的事情，让我坚持不下去的是：没有人为我撑腰，没有人说你只管读书，其他的事情你不用担心。而且，我确实总是为我和妹妹没有钱上学、交不了学费而担忧，我还要面对村里的流言蜚语——农村就是这样，茶余饭后总有说不完的八卦和看不完的笑话。

我自己得撑着，因为我妹妹还小，就喜欢跑出去玩，我很庆幸她那时候什么都不懂，才能那么快乐。后来我伯父把我和妹妹带在身边读书，这段不愉快的经历才算过去。

我还有待我像亲生女儿的伯父和姑姑，而这位小妹妹，除了奶奶，叔叔也只是偶尔帮衬一下，自己才上初三，还没有办法掌控自己的命运，更别说带着这么多的弟弟妹妹了。不读书，出去打工，在我们这里意味着你已经可以自己赚钱养活自己了，算是一个大人了。也许她是想让自己快点强大起来，这样才能支撑起这个家，而读书这条路太长……

在这次活动中，大家对我都很好，很照顾我，就像是我的哥哥姐姐们一样，我觉得和大家一起很开心。我的小组长文盲哥哥，给我的印象很深刻，我觉得他总是能让每个人都很开心，和他相处没有压力，而且他和他家小朋友的相处方式也让我很羡慕。我现在害怕结婚和生孩子，因为我怕教不好孩子，但是文盲哥哥对孩子来说真的是一个好爸爸和好朋友，值得我学习。

在活动过程中，需要拍合照，我比较抵触，因为我觉得自己长得很丑，不喜欢拍照，但是文盲哥哥每次都鼓励或说拍得很好看。因为我说侧脸不好看，他还给我拍了张特别好看的侧面照。后来，我就不怎么害怕拍照了，好像变得自信了许多，拿着他的自拍杆，到处拍。最后他还把自拍杆送给我了。

在做资料的时候我很害怕自己做得不好，但是他总说没问题，我相信你。因为他对我的信任，让我觉得自己更要好好做才行。他

走访时，我们和小可爱的合照

也很尊重我，做决定之前总会征求我的意见。

真要说他做了什么让我特别感动的事，好像也没有。但是润物细无声，总让我觉得我可以，慢慢地，我变得自信开朗起来，所以我很感激他。

我的小学同学蓝老师，现在在七百弄实验学校实习，我已经很久没有看到她了，看到她的时候差点没认出来，大家的变化都很大。这次走访活动她也参与其中，帮忙带路。因为路线不同，时间比较紧，我没有和她多聊，但是我发现她和我一样，都很乐意帮助别人。

前段时间，顺子叔叔让我联系以前的小学同学，想做一个十年回访。我建了个微信群，同学们基本都在，这些年，大家或读书，或打工，或结婚……刚开始群里很热闹，现在基本上都不说话，生活圈子的不同，聊天的话题都没办法说到一块了。

我不知道，十年前的麦田计划对于他们的影响，对于他们的人生算是有点改变还是没有改变呢？在我发朋友圈之后，有个同学来问我如何参加麦田计划的活动，如何报名？还有个同学初中毕业就出去打工了，在我找到他的时候，他说他这几年一直想联系麦田计划，想对当年帮助过自己的人说一声谢谢。这样看来应该还是有影响的吧！

在第一天走访结束的那个晚上，我翻着那些走访的照片，睡不着，最后我写下了这样一段话：

昨天的我，今日的你，今天的我，明日的你，不管现在如何艰难，一定要坚信你们以后会有一个更美好的未来。

（柳吉）

04 感谢那个带我进坑的人，坚持是我义无反顾留在麦田的执念

筱舞，2012年加入麦田，2019年6月获得五年勋章称号

伙伴爱拼说：

“可以用‘最佳拍档’来形容我的这位麦田里的好伙伴，没想到一眨眼这么多年过去，我们都还在麦田里坚持不懈，一同前行。

“记得当初我接手团队项目组组长时，身边没有很多能一起做事的麦友。我当时有点犯难：项目周期长，要求志愿者的专业性较强，要有担当的人一起来共同推进。

“我突然想到了一个经常出现在活动现场的人，每次都默默地来悄悄地走，对，她就是筱舞，我需要的工作搭档。记得当时我在电话里给她留言，需要她加入。

“三天后她回复我说：好的，可以！

“这么多年来，我们在一起就团队项目的申请、学校的调研、落实实施、跟踪反馈，和大家一起积极地讨论和分享，同时也积极地参加基金会的培训学习，后期制定了一系列有关团队发展的目标和规范！

“我们都是直性子，记得有一次她被我给说哭了，但是第二天，为了工作她还是主动电话我。在我眼里，她是一个工作狂，也是制度执行者，就像我的一面镜子，时刻让我自省。希望在未来的麦田里，我们继续努力前行，和大家一起共勉共进！”

从相机的这一头，走向另一头

当接到约稿时，其实自己也在纠结，我该如何去写自己与麦田的故事？我只是麦田众多麦友中的一员，比我多付出的麦友也是数不胜数，我的麦田故事，可能是麦田里很多麦友都经历过的。

与大多数麦友一样，我与麦田初识于“麦田图展”。犹记得，第一次看到麦田的图展是2011年在鄂州武商量贩店的大门前，我带着女儿去购物，她被图片所吸引，拉着我一起看，从图片中大致了解到麦田是做什么的。

我也像大部分参与麦田图展的家长一样，跟女儿说：“你看看，山那边的孩子，人家这么困难都还这么努力，用的笔手都已经快拿不住了，还没有扔。你再看看你自己，家里的铅笔哪个不是被你扔得到处都是。你应该好好地学习一下，不要身在福中不知福。”

从那以后，只要是看到有麦田图展，孩子一定要我买上文具，捐给山那边的孩子，她也没有再像从前那般不爱惜文具了。

我是2012年11月在论坛上注册了志愿者，并加入了鄂黄团队的新人QQ群，虽然加入了，但我没有一开始就参与活动。真正参与活动是鄂黄团队的第一次爱行，还记得当时我报名做了一名引导员。自此以后的我便“一发不可收”，只要是有时间就报名参与麦田活动，因为酷爱摄影，所以在后来的活动中我主要负责的就是拍孩子、

孩子们纯净美好得就像乡村夜空中的星星一样，他们用最灿烂的笑容传递着对志愿者到来的喜爱

拍志愿者，用照片记录着那一份份感动、一份份快乐！

要说中麦田的“毒”，我要衷心感谢那位带我入“坑”的人，这个人是爱拼，也就是鄂黄团队现任召集人。我和他在同一个单位工作，我对文字处理、电脑操作方面比较熟练，他便带着我做起了项目，主要负责收集资料和其他文字处理工作。

自那以后，我就真正地应了那句话“一入麦田毒已深，进到坑里出不来”的状态。

我在麦田里“沉迷学习”

七年的时间我从一名麦友到岗位志愿者，再到五人组成员，一路走来有苦有累、有泪有笑。从一个麦田“小白”，慢慢地成长，过程真的并不轻松。除了没有做财务，团队的各个岗位我基本上都做过：项目设计到实施、活动策划实施、培训、公众号（微博）宣传等等，一直到现在的一对一助学资料组。

在我接手团队资料组之初，因为业务不熟悉，为了更好地做好资料工作，每次一对一的活动我一定参加，在参与过程中不断学习，不断完善，让自己尽快上手。

记得上一任资料组组长曾经这样跟我说：“你松一点点，他们就会松一大片。”我是一个原则性强的人，资料做不好，没有理由可谈，必须重新按要求按规定完成。经过大家的努力，团队的资料反馈也得到了基金会的肯定，2018年度鄂黄团队一对一助学工作评分为“A”。

除了在团队做事，我也有机会参与很多线下活动，在麦田里学习也成了我的一个习惯。

2015年9月在昆明的健康课堂培训，让我经历了人生中许多的第一次：第一次参与工作坊式培训，第一次接触性教育知识，第一次背起背包独自出远门，第一次坐飞机，第一次开分享会……

这次培训是健康课堂刚刚开始推广的时候，也是健康课堂项目第一次线下培训。回来后，我对性教育知识脱敏，敢于大声说出以前都难以启齿的性知识，回到团队将学到的知识分享给即将成为健康课堂老师的麦友。与此同时，我也能开诚布公地在家里和女儿谈心，和她谈论正确的性教育知识、性观念。

2016年11月，我去武汉参加了传播培训。参与传播培训之前我真的是个“传播小白”，完全不知道什么是传播，以为是开展活动写个总结发出去就行，写好写坏一个样，只是告诉大家我们做了什么。11月我正式接手团队公众号，通过学习，更深入去构思活动和推文，

老师，这个问题我可以来回答！

设计如何写好一篇推文，提高推文的阅读量，吸更多的粉，让大家积极转发，等等。

2018年4月，我再次前往武汉，这次是参与项目管理培训。我在团队项目组也待过一段时间，也设计过项目，开展过活动。但之前也只是写个活动实施方案，不成系统。这次培训适时地给我补课，让我更加清晰地了解如何去做好项目的管理工作，为我指明了方向，少走弯路。

几次线下培训对我的滋养，不仅让我更深入地了解麦田，也让我更加自信：我能够站在台上，将学到的知识分享给更多的麦友。我认识了很多人，从他们身上，学习到、听到不同的经验与故事。

也因为自己对待课程与作业的认真，我的几次培训作业都获得优秀，也为自己赚回了学费奖励。当然，我在麦田的学习不止步于机会难得的线下培训，我还参加了一些线上培训，如麦田基础课、情绪管理、幸福生活课，等等。

麦田vs家，都重要！

说做麦田不影响工作，不影响家庭，对于岗位志愿者来说不尽然。因为自己本身有工作，而麦田的事情一来，不可能你有时间就做，没时间就不做的，因为那就是一份责任，至少在我心里一直是，岗位志愿者也势必会比普通志愿者付出更多的时间和心力。

想起2018年10月，我父亲重病住院，为了不影响活动开展，我毅然在这种情况下去麻城开展团建。但是没有想到的是，父亲在开展培训当天中午突然离世了，没有在老人离世前守在他身边，作为女儿我是愧疚的！也让我久久没能从这件事中走出来。

父亲生病后辗转武汉、鄂州各医院，我也在跑异地就诊手续，很疲惫。特别是父亲在武汉住院时费用很高，我们家有些吃不消，也一度陷入了着急筹钱的阶段。

感谢团队麦友的体谅，他们知道我的情况，也在力所能及地帮助我，除了尽量少安排麦田工作给我，还多次开车接送我的父亲转院。我印象最深刻的是爱拼，他跟我说："有什么事需要我们帮忙，就电话我。"让我深深地感受到了麦田的温暖。

父亲从生病到去世的半年时间里，我并没有因为父亲生病而停下手上麦田的工作，日常工作依然坚持在做。8月份一年一度的汇款通知工作开始，我一边家里、医院、单位跑，一边利用空余时间做好整体协调、统计、对账工作，圆满完成了汇款通知。

我的女儿今年15岁，在我的影响下，只要她不上学或空闲，都会主动和我参与图展、整理物资、参与年会、徒步，做一些力所能及的事情。

这就是我，一个普通的志愿者与麦田的故事，也是麦田里很多志愿者的故事。

唯有坚持是我义无反顾留在麦田的执念，邀请你和我们一起支持麦田，成为麦田守望者，感受麦田的温暖与快乐，和孩子一起成长！我和我的女儿已经加入了，你呢？

（筱舞）

05 从深圳到大理，从麦田资助人到志愿者的春夏秋冬

春天的旅行

一趟一个人的旅行

一个不经意的停留

一对工地上的姐弟

两双纯得让人想流泪的眼睛

泸沽湖畔

那个寒冷的初春黄昏

那个赤着脚的小小女孩

告诉我

帮爸爸敲石头就不会怕冷了

背过身

突然觉得有些无力

麦客旅途缘起：我想要资助一个山区孩子上学

加入麦田之前，我在深圳工作。当时刚好是结束了一趟远途旅

行从云南回来，2012年那一年独自去云南旅行，那时云南的贫困现状比现在严重。

我坐车从丽江到泸沽湖，中途停车休息的时候，刚好停在一个沙石场的旁边，有一批工人在搬运石头，其中有两个小孩子吸引了我，一个小男孩和一个小女孩，看上去8岁到10岁。我走过去问他们："小朋友你们不去上学吗？"他们用比划加咿咿呀呀的语言告诉我："没有钱上学。爸爸说在这里敲石头就不冷了。"

还没聊几句，车就要开了，我只能匆匆忙忙上车。但坐在车上的时候，其实心里就像有一块石头一样，压得很难受。

夏天的邂逅

一个公车上的电视短片

一片橙色

一次搜索

一夜欣喜

关于旅行的记忆再次清晰

关于资助的梦再次唤醒

论坛、资助群、麦客

为这个夏天的邂逅

做了最美丽的标记

回到深圳后，不知怎的经常会想起这两个孩子，渐渐地有一个想法在脑海里浮现出来：我想要资助一个孩子。当时的想法很简单：

虽然以自己的弱小力量，是没办法帮到很多上不起学的山区孩子，但哪怕能帮一个，也是好的。

作为当时一个在深圳朝九晚五的普通白领，了解公益助学的渠道也不多，所以对于自己冒出来的这个想法说到底是有点不知所措的。

就在这个想法日益在我头脑疯长的时候，刚好有一天在公交车上看到一个公益宣传片，里面讲的就是麦田计划。当时记忆最深刻的是里面说到麦田有一对一的资助项目，还有一群穿着橙色衣服的志愿者一起在唱的那首歌《小小的梦想》。

于是，回到家里，我立马打开电脑搜索麦田计划，搜到麦田的论坛——走过麦田，看了很多具体介绍的帖子，了解到了麦田的财务透明性。那天晚上还看到了麦田的发起人莫凡写的那篇《石头花》，一边看一边哭得稀里哗啦，哭完了之后，就做了一个决定：没错，我要通过麦田计划这个平台资助一个山区的孩子上学。

这个想法坚定之后，我开始在麦田论坛上注册“梦伊然”这个ID，然后加入了一个麦田资助人意向QQ群。后来也终于实现了梦想，在论坛里完成结对，成功资助了安徽金寨的一位小学生。

麦客旅途缘深：多了一个身份，叫麦田志愿者

当初在论坛里注册“梦伊然”这个ID的时候，是为了方便资助孩子，怎么也没想到后来会和麦田连接得那么深，并成了麦田的志愿者。这条路不经意间走了7年多，相信还会走更长。

最先打动我并让我决定从资助人变为志愿者的，是深圳的麦友们。在麦田中，要资助孩子最先需要在资助结对帖中去回复帖子，由于想通过麦田这个平台资助孩子的资助人很多，而志愿者利用时间走访下来的孩子其实是有限的，所以常常需要有比较快的网络优势才能在短时间内快速回复想资助的孩子，大家称这为“抢孩子”。

我在论坛上“抢”了两次，都没结对成功，有些泄气。那个时候刚好有一轮关于安徽大别山孩子的资助结对，资助人意向群有深圳团队的志愿者知道我“抢不到孩子”，很热心地要了我的ID，说要帮我。

当时正是深圳的静风大哥以其神网速帮我结对到了一个孩子。后来我回看那个帖子，才发现还有很多位群里麦友也在帮我回复结对，我的心里一下子就感到特别暖和。其实，我当时并没有和深圳的任何麦友见过面，只是在QQ群里说了几句话，但他们都很热心地帮忙。

秋天的行走

户外徒步做媒
成就了一段麦田缘
露营的那个晚上
乡间的那40公里
团结互爱的气息飘在空气里
慢慢凝成了心里的感动烙印
从此漂泊的异乡里有了一个家
一个叫麦田的家
一群叫麦友的家人

也就在那个时候，我知道了在深圳还有一个“麦田志愿者”的

QQ群。提前感受到了深圳麦友们的热心之后，我对他们特别好奇，所以就申请加入志愿者群。刚好遇上深圳团队志愿者准备组团参加磨房40公里徒步活动，一起宣传公益。

我第一次参加深圳的活动就是徒步拉练，也是第一次真切见到了那么多的麦友，大家都特别坦率友好，一路上欢声笑语。到后来的40公里徒步中，我感受最深的也是麦友们之间互帮互助的那种温暖。

在和他们的接触中，我第一次知道了“快乐公益”这个概念。麦田并不提倡志愿者以牺牲自己来做公益的理念，而是要志愿者在照顾好自己和家庭的情况下，力所能及地参与公益。有能力先把自己和身边人照顾好，自身乐观而自强，才有能力把这股正能量传递出去，带着孩子们往更美好的方向走。

快乐公益这条路上的麦客

就这样，“亲切、快乐和温暖”的麦友们和“快乐公益”的理念吸引着我更深入地走进了麦田，成为一名“麦客”。

后来我才知道，不仅仅是熟悉的麦友，就算到任何陌生的地方，哪怕是第一次见面的麦友，大家都会一见如故、亲如一家。

冬天的温暖

这个冬天有橙色的阳光
所以不寒冷了
这个冬天和一群人在一起
所以不孤单了
这个冬天学了一个词叫“快乐公益”
所以真心笑了
这个冬天
有图展，有培训，有走访
有你们，真好！
千言万语一句话
爱你们，爱麦田

一些思考：从城市到一线山区

刚开始加入麦田计划的时候，因为是在深圳工作，参加的活动大部分是城市里的麦田图片展，为山区孩子们筹物资，建设麦田图书室的活动。虽然也常与孩子们接触，但这种接触还没有那么深入。

后来工作变动到大理开客栈，接近山区了，多了更多和孩子们亲密接触的机会，受到的震撼也渐渐增多。

每次与孩子们的接触，对我来说都是一份欣喜。他们的纯真，他们的真诚，他们的快乐，他们的美好，在不知不觉中滋养着我们的内心。有的时候，甚至觉得，在帮助他们的同时，我们得到的帮助更多，这种受助是无形的，却是如此巨大。

现在，作为大理团队的五人管理小组成员，平时参加的活动主要是云南这边的资助走访活动、彩虹口袋活动、读角show以及资助款发放活动等。偶尔也会回深圳参加山区图书室走访建设、快乐女生健康课堂、爱行、图书展等活动。

关于活动，关于孩子们，也在不觉间会思考更多：除了物质，孩子们更需要什么？关于山区留守儿童的心理和思维问题，我们能做些什么？我们的活动还有哪些需要改善的地方？我们跟孩子们的沟通还有哪些更好的方式？……

关于彩虹口袋项目，我也有挺深的感受：刚开始去一些小学做彩虹口袋活动的时候，孩子们都不知道应该怎么构图和下笔，有些工具也不知道怎么用，只能由志愿者一边教工具的使用方法一边启发他们。随着活动开展的次数增多，孩子们越画越好，思维也慢慢开阔了很多，经常会有惊艳的作品出现。

后来去学校时，经常会有孩子跑过来把他们画的画送给我们。实践证明，他们已经爱上了美术。孩子们的进步是美妙、欣喜的，我们的付出也是有意义的。

参加的走访活动越多，也越来越体会到了“谢谢这些孩子给了我们一个表达爱的机会”，这句麦服背后的短短的一句话；也越来越舍不得离开了。

公益初心：如果这个世界能因为有我而变得更美好一点，为什么不呢?

时间总是飞逝得如此快，一转眼在麦田已有7个年头。这些年因为麦田，不知不觉爱上了公益，也养成了一种习惯：无论去到哪一个地方，最想搜寻的，就是这个地方有什么公益活动是我能参加的，有什么是我能帮助去改善的。如果我能做些什么让这里变得更好，为什么不呢?

我喜欢旅行，而在旅途中如果有机会参与当地的公益活动，也成了我最喜欢的事情。特别是在国内的其他城市旅行时，如果刚好遇上有麦田计划的活动，并且能出一份力时，就会特别开心。

在泰国旅行时，知道泰北山区的华语学校需要支教老师时，就会想临时改变行程做一段时间志愿老师；到印度加尔各答后会最先查询“关爱之家”，了解关于做志愿者的相关事情……每到一个地

梦伊然在泰国北部贫困山区的华人小学支教

方，遇到公益伙伴，也会觉得特别亲切。

这种公益思维，其实就是在麦田里慢慢形成的，直至渗透到骨子里。麦田或者说公益，在不知不觉中变成了我的一种生活方式，一种思维模式，一种与人为善、与世界交好的生活状态。

在麦田里有一句话流传特别广："麦田有毒，但我们甘之如饴。"我想，这是很多加入麦田的麦友最深有体会的一句话吧。每次只要见到那抹橙色，心中便不自觉地暖起来。甚至于每次去买东西，都会先挑橙色的。没错，我们是宁愿"毒"入骨都不愿悔改了。

有朋友知道我们经常做公益，就对我们说："你们真伟大。"其实，我从来不觉得公益是一件多伟大的事情，这么多年来，好像公益已经融进生命中，成为生活的一部分。它更像生活中的一个"爱好"，就像你爱跑步，他爱阅读，我爱公益，就这么简单。

未来，我们还一起在麦田，一起不忘初心，一起做更多有意义的实事，期待我们相遇在麦田！

（梦伊然）

06 对麦田的误会解开以后，我的麦毒更深了

初遇麦田，我错信了谣言

记得初识麦田还是在2010年暑假。我随着当地的一家儿童公益组织一起进金寨大别山支教，那是一家接近于“苦行僧”修行式的公益组织，支教的数月时间里，我们住的是村里废弃的小二楼，没有床铺也没有被褥，只能睡在自己支起的帐篷里，虽是炎热的夏季，山里的后半夜依然需要盖着厚厚的被褥。因为很多志愿者都是第一次进山，对山里的温差情况并不熟悉，熬了两个夜晚后只好从村民家中借来棉被抵御大山夜里的寒冷。

那时对我来说最难克服的是洗澡问题，因为我有点洁癖，每天必须洗澡。当时没有办法，只能自己烧水带上凳子去到那个几乎没处下脚、由几块石棉瓦简单架起的学校公厕里迅速洗刷后逃离出来。

因为气候和季节性原因，那时山里只有黄瓜、豆角两种蔬菜最充裕，我们变着花样吃了不少日子（组织有规定即便自己出钱也不可以出去买肉吃）。于是，苦哈哈的公益理念就深深在我心底里生根发芽，认为这便是公益人的精神。

然而，在我们支教的中途，这个深山的小学（很久以后才知道，

原来当时支教的学校就是麦田计划捐建的第十二小学）涌入另一批志愿者，他们清一色穿着橙黄色、印着带有“麦田计划”标志的外套，有的还有背包帽子等装备。同样是做公益，他们住村长家，晚上竟然还可以淋浴，两天的时间他们一行人欢声笑语不断，我在羡慕的同时又觉得我们之间的公益理念相距甚远。

在他们离开后谣言就传开了，有人告诉我说这是一个“土豪型”的公益团体，入会后只要缴纳6 800元会费就可以领到一身里外橙色的装备，对此传言，我当时深信不疑。

“冰释前嫌”，我与麦田正式结缘

与麦田真正的交集是2013年4月20日雅安地震。4月21日，有过医务工作经验的我孤身一人从合肥踏上了去四川救援的道路，到了成都与另一家公益组织简单碰头交流后，当天下午就驱车到了当时的重灾区太平镇。

大概是在进去的第三天，同行的一位志愿者对接到麦田计划即将到达县民政局的物资，那时的太平物资严重缺乏，经过小组短暂的讨论后决定由我带着村里的老乡去民政局拉物资。后来为了让他们知道村里物资严重缺乏的真实情况，我们邀请两位麦友一同回到太平镇了解情况。

物资车到达村口时，只见老老少少的村民们，一排排站立在村口，手里拿着刚写好的条幅“志愿者们辛苦了，感谢你们……”。那顿晚饭是在露天临时搭起的桌子上、由几位村民帮忙打着电筒吃完的，当时的场景至今想起依然感慨万千。

安置好太平镇的物资，我就随着两位麦友去协调其他村的物资，所到之处都是满满的希望和感动。不少村民拿着腊肉、山货等食物，眼里泛着泪花追到村口，要把家里最好的东西送给我们这些素不相识的志愿者。

是雅安的深度接触让我对麦田计划有了全新的、完全不一样的了解，助学、快乐公益、麦客等成了我记下这个组织的关键词。跟随麦友回到武汉后，我又参加了麦田的图片展、校园报告会、一线走访的活动，又认识了许许多多同频又自来熟的麦友。

我发现之前的误解，偏差真是大！麦田不土豪，大家都以“草根”身份自豪。不仅不土豪，麦友参与活动，全部费用需要AA制。那套鲜亮的橙色装备，也需要麦友自己花钱买。加入麦田，也不需要给所谓的会费，只要你有做公益的心，以及愿意投入时间精力的承诺。麦田非常重视孩子，“和孩子一起成就未来”“谢谢这些孩子给了我们一个表达爱的机会”“快乐”“孩子优先”等独特的文化理念，吸引着全国愿意加入麦田的他们，还有我。

利川走访后，我又多了另一个身份：麦田计划一对一助学项目的资助人。

当学校的代课老师领着我去参观学校时，那所学校至今让我记忆犹新：两层的木结构房屋，踩在二楼木板上总发出咯吱咯吱的响声，似乎木板会被踩断，房子就会塌掉。学校没有电铃，上下课依然是手打铃，这样的校舍真让我为这些孩子和代课老师捏了把汗。

那时，我心里便有了一个愿望：希望有生之年能凭着自己的一己之力改变孩子们的校舍条件，这是种在我心里的一个美好的愿望。

找到组织了

同年六月，麦田计划成立八周年年会，在襄阳我第一次见到了麦田计划的发起人莫凡，一个瘦小且其貌不扬的广东男人正在台上

麦田计划八周年年会

激情高昂地演讲。印象最深的是那一句“麦田就是让你的旅行变得更有意义！”

的确，回想麦田走访的资助点，大多都在深山，虽不是什么知名景点，但也是风景秀丽，民风淳朴。山里的孩子们，其实就是山里的希望，助学之举，就是快乐之举！也就是在八周年年会现场，我结识了来自全国的志愿者，清一色的橙色着装，处在同一个频率，如兄弟姐妹一般亲切，感受到了真正的快乐公益。

这次年会让我真正地接触到了合肥团队，我的“娘家人”。参加了第一场涡阳走访后，我便一发不可收地中了所谓“麦田的毒”。五年多的时间，我与合麦一起成长，我用自己多年的坚持吸引着身边一波又一波的朋友、同学、同事加入了这个温暖友爱且快乐的大家庭。

我们在合肥老城区接触到这样一个家庭，姐姐9岁，弟弟6岁，父亲和爷爷相继离世后，母亲离家出走，姐弟俩仅靠年迈的聋哑奶奶拾废品、乞讨为生。

第一次和东哥去家访时，他们家里的情景让人忧心：菜篮子里半截半截大小不一的白萝卜，还有些寻常人家不吃扔掉的花菜根，看样子这便是这一家人下一顿的食物，三十多平方米的老房子里，没有像样的家具、家电，孩子们也是穿着明显不合身的衣裳，很难想象城市里还生活着这样的孩子。

因为户口问题，两个已到学龄的孩子天天跟着奶奶捡破烂而无法入学。我和东哥商量后为姐弟俩拉了个微信群，先联系附近的街道帮助孩子们正常入学，紧接着开始筹钱，给孩子解决小饭桌和家里必需物品的费用。东哥自己捐了7 000多元施工成本费用，领着志愿者把破旧不堪的房屋内饰翻修一新。

有位不知何时添加的圈友直接通过微信给我转了3 000元钱，并且告诉我，她能力有限，想先承担孩子们半年的小饭桌餐费。我感动得鼻头一酸，眼泪止不住地落下。在信任感如此薄弱的年代，仅仅通过对我的微信状态了解便选择了相信，多珍贵的一份信任。我说："你让我感动得不知说什么好。"我至今还记得她的回复："其实是你感动了我，感谢你一直以来带给我的温暖……"

附近菜市场卖菜的大姐说，最初是见到奶奶带着姐弟俩去菜市场捡废弃的蔬菜瓜果，后来了解了她们的状况后，几位卖菜大姐开始自发地为这个家庭长期"特供"新鲜的蔬菜。

合麦八周年年会，小女孩也来到了现场。在分享体会和经验时，小女孩红着眼眶问我："茹茹姐，刚才那位叔叔说得让我好感动，等我长大了，我可不可以和你们一起去帮助其他的小朋友？"

爱真的会传染，会蔓延，会像种子一样生根发芽！

我的愿望，实现了

2015年，有麦友约我去大凉山参加走访时，我又一次毫不犹豫地走进了彝族自治州大凉山会理县。走访的任务前所未有的艰难，孩子们的求学之路再次深深地触动了我。

次年9月，我果断地作了一个决定，用自己辛苦积攒下的8.24万元为彝族地区的孩子建了一间训练馆，并取名茹愿训练中心，以此来激励孩子们奋发图强，努力学习。

那时我想，这只是我心中的一个美好愿望，以后还要努力实现更多美好的愿望。如果努力可以让世界变得更美好，我愿意付出更多的努力！ 2016年9月19日茹愿训练馆正式开营，今后也会如我所愿，愿每颗心都能充满善念，让爱的种子继续萌芽生根……

茹茹为彝族地区的孩子建的训练馆：茹愿训练中心

现在的我

现在，我时常和身边的朋友聊天，想起年少时总有些莫须有的虚荣心，后来发现那都是自己当时不自信的表现，精神上的贫瘠才会让人觉得自己很穷。参与了多年的公益活动以后，思想也在潜移默化地改变着，因为精神的富有和骨子里的自信，展现出来的是另外一个完全新生的茹茹！一路走来一直以为是麦田需要我，回过头后发现，其实是我们需要麦田。

现在的我，应是多彩的。公益依然是贯穿生活的主旋律，在参与合肥团队的日常管理、日常活动以外，我还发起和参与了春雨助学活动，目前开展得红红火火，在社会上也有一定的反响。看到帮扶的孩子们有了长进，学习成绩有了提高，性格开始阳光开朗，特别欣慰。

我常说，公益已经成为我的一种习惯，成了我的精神食粮。也所幸经过多年沉淀，身边的朋友正直善良、有爱心、三观契合，我每日被各种温暖快乐环绕。相信未来，我们还要努力学习，努力工作，保重身体，继续和身边志同道合的伙伴们一起，沿着爱心助学的道路，坚定地走下去。

我相信，我和麦田，都会越来越好！

（茹茹）

07 麦苗青青有客来

「华老师加入麦田的时间不长，她从“看热闹的陌生人”到“驾轻就熟的志愿者”不过半年时间。但在这期间，她以一名围城外的旁观者渐渐走进麦田内的心态，一层一层地剖析着麦田文化、麦田理念以及麦田的志愿者。

这一次，她也加入了麦苗班走访的队伍，和大家一起徒步、风餐、深入村庄，感受到了走访路途的艰辛与快乐。于是记录下来，与人分享，就像她说的："从今天起，请你一起深入麦田走访，做一回助学的行者……”希望更多的人能感悟麦田、乐享公益。

她的这篇《麦苗青青有客来》，让我们从新的角度去了解麦田志愿者走访的心路历程。」

第一话 行走，以麦田之名

“没有参加过麦田走访，就不算真正了解麦田。”

参加猫街中学麦苗班开班仪式时，几个老麦友反复跟我说这句话。说这话时，麦友们似乎觉得，我这样一个来看热闹的陌生人，根本还不知道麦田这个公益组织有多好，麦田做的事多有价值。

我看他们的样子，似乎内心坚信，人生如果没有麦田走访的经历，简直是一种遗憾。

他们不知道，我在开班仪式三年之约中已经郑重写下一条，就是要抽时间参加麦田的走访。

原因很简单，当我看到开班仪式上一排排穿着崭新的麦苗服的麦苗新生时，我就萌发了强烈愿望。

我想去看一看他们的村庄，他们的田地，他们的家庭……

因为他们能走进麦苗班是多么幸运呀，完全不差于那些著名学校的“珍珠班”。

接着，麦友们似乎怀着一种急迫想与人分享吃苦的自豪提醒我说，“但是麦田走访是很辛苦的，很多人都受不了。经常要去无路可走的村子，一家在坡上，一家在坡下，来回要走几个小时。”他们说话的时候，我暗自想起在昆明麦田公众号上看到的以前麦田走访时的可怕情景：车前滚石泥泞，车后是奋力推车的麦友，还有麦友穿着五花八门的雨披，顶风冒雨，蹲在半路吃着自带的午餐……

这幅场景，根本吓不倒我。我想不管麦友们有没有夸大其词，我都相信，麦田走访肯定不是去享受的，多半还可以断定，是一种主动自找苦吃。

奇怪的是，仿佛有一种神秘的力量召唤我，期待着尽早踏上麦田走访之路，有朝一日，我也有资本分享我的麦田走访故事。

元宵节还没有过，昆明团队就开始早早招募武定猫街走访志愿

走访路上

者。项目负责人麦田小米微信邀请，我正好还在春节放假，欣然同意同行。

从此我如愿以偿，背起背包，随着麦田走访志愿者一次次扎进那一处处散落在大山中的村庄，幸运地看见了祖祖辈辈日出而作、日落而息的山里乡亲，看见了即将升入初中假期帮助父母干农活、一脸灰一脚泥的农家孩子，理解了放下休息放下家人去寻访麦苗新生的麦田志愿者的艰辛与快乐……

从今天起，请你一起深入麦田走访，做一回助学的行者，分享我见，我闻，我思。

第二话　你好，麦田同学

第一次参加麦田走访，有些兴奋。或许今天可以看见几个有了“三年之约”的238麦苗班的同学。

为了要去参加麦田走访，我翻出了许久不用的野外装备，做好了翻山越岭、绝地求生的准备，带了干粮、水杯、雨伞、防水服、太阳镜、防晒霜，还有一把小刀……我检视了一下这野外生存的行头，自己止不住大笑了一阵——难道我已经退化得这么厉害了！或者被麦友的艰苦描述吓着了，反正有备无患。

一早，天还没有亮透，我扫了一辆哈啰单车，沿着盘龙江边直奔集合老地方——月牙塘公园门口。

路上遇到一个晨练的同事，万分惊奇地看着我，和我打了个招呼，我也顾不得那么多了——我到达时，已有穿着麦服的志愿者等候在公园门口。

虽然认识的只有小米、大帅、海燕三人，但我完全没有上回参加开班时的陌生感。

因为，就在昨晚，我和今天参加武定猫街麦田走访的志愿者已成了同学。

招募号召发出后，报名的队伍很快就超过30人。

报完名后，我在思考这短时间里建立的这份关系。我们每个人一生建立很多关系，有些是主动建立的，比如工作关系、朋友关系，有些是被动建立的，比如父子关系、兄弟姊妹关系，前者有利害关系，后者有责任关系。

我和麦田，或者说所有麦田志愿者和麦田是什么关系呢？

出发前那一晚的培训，我发现，麦田可能是一所学校。麦田志愿者既是老师，又是学生，麦田志愿者之间是共同学习做公益的同学——因为麦田里有共同的知识。

麦田，可能是一个虚拟的单位。麦田志愿者既是组织者，也是实施者——因为麦田有共同的目标。

虽然我做好了一切准备，但其实最关键的准备还是一片空白：走访到底去干些什么呢？我自己有什么用处呢？心中还真没谱。幸好，昆明麦田自有办法，通过一个微信线上培训，不到10分钟，就将麦田走访的标准模板变成了志愿者的任务。

小米在猫街走访临时微信群里召集了几声之后，晚上8点正式开始了培训。我打开手机，一名叫袁娜的志愿者正在问候大家，开始了走访培训，她的声音清晰、温暖、亲和，走访繁杂艰巨的任务，她一项项娓娓道来。

她简单介绍了麦田计划，交代了走访出发时间、走访对象（此时我才知道原来今天走访的不仅有在读麦苗生，还有新一届的麦苗班同学）、走访注意事项，特别是要求都穿着麦服或者靠近橙色并方便行走的服装；安排了信息收集、整理、评估、讨论、上传的一系列工作，强调了入户走访中的言行纪律，特别对志愿者提了“九个不要+”：

不要嫌弃农家卫生环境；

不要当面感叹走访村庄的贫困；

不要过分表现同情；

不要轻易承诺资助；

不要单独给走访家庭和孩子送东西；

不要认为自己是施舍者、慈善家；

不要在朋友圈发走访看见的贫穷图片、视频以及受访者的正面照；

不要惊讶猫街中学设施不像是需要帮助的学校；

不要想到自己是去郊游玩耍的……

最后小米强调说，自带午餐，一定不能在走访家庭吃饭，如果刚好是用餐时间，推辞不掉，一定要将高于餐标双倍的餐费放在某个地方，离开后再告诉引领走访的当地老师或者麦苗班学生。

袁娜在培训结束时说："今天准备越充分，明天走访就越顺利。"

为这充分的准备，昆明麦田走访项目组的负责团队一直工作到深夜：

当小米将分组名单发给大家时，已是凌晨01∶56；海燕还没有休息，却在劝小米早点休息；

2∶02，小米还在修订麦田走访表格；

2∶23，小米还在发培训手册；

7点不到，就有人从安宁、呈贡出发向月牙塘公园集结……

这一夜，我也没怎么睡着，才发现，一次麦田走访这么复杂，还没有出发就发现的确很辛苦，看着所剩不多的夜晚时间，我只在心中默默问候：

通宵学习的麦田同学，辛苦了。

第三话　火塘边，让人信任的那一抹橙色

不知是不是麦田的创始人莫凡先生正好在麦苗青青或者麦田金

黄的季节来到了贫困的山村，看到需要助学的孩子，所以将这个深度助学公益组织命名为麦田。

反正，我的第一次麦田走访就在麦苗青青、油菜花盛开的季节成行了。

载着2019年首批麦田走访的志愿者，大巴经过100多公里的疾驰，停在了猫街中学的校园里，因为还在放假期间，平时喧闹的校园，此时静得有些让人怀疑是不是在学校里。看着飘动着的五星红旗，看着刚刚建好的仿草足球地，感觉不是去做艰苦的走访，而是来做一场春游。

我挨个看了一下志愿者，老老少少大大小小，这会儿个个新鲜出炉，精神饱满。

忽然间，我想起先师孔子的理想：暮春者，春服既成。冠者五六人，童子六七人，浴乎沂，风乎舞雩，咏而归。

麦田走访，也许就是要去经历一下精神的洗礼，和圣人的理想是一样的。

在我意念穿越之际，忽然间猫街中学的操场上多出了一排涂着鹅绿色和白色相间的小面包车，大车是进不了散落民居的村庄的，只有这种平常穿梭在山路上的小车，才能抵达深山尽头的人家。

按照昨天走访6个学生的安排，志愿者被分成了6个组，大家分别坐上了6辆小面的。这些当地面的师傅似乎被麦田训练得非常专业，我心中突然冒出个词，麦田还有“地陪”，每一辆车上都有猫街中学的老师、麦苗班学生，还有熟悉当地交通民情的的哥。

这么想着，一不留神，转眼之间，走访车辆消失在不远处的山林里。

走访路上的风景

汽车离开猫街没几公里，风景与街上那些毫无特色的钢筋水泥建筑完全不同。去大麦地村的道路沿着一座狭长的水库，曲折前行，有山有水，大家心情一下开朗起来。我止不住无声吟诵着唐朝一首不出名的无题诗：

道由白云尽，春与青溪长。
时有落花至，远随流水香。

凭着小面的师傅的熟门熟路，这一天虽然每组要完成走访6个学生的任务，似乎看起来并不那么难。

当穿着麦服的志愿者小分队一溜走进村里的时候，有些村民自动打着招呼，“你们来走访啊”，很热情的样子。如果问路，村民也会详细地指路，甚至放下手头的活，带着志愿者去要走访的家里。

我心中暗想，这个地方的人似乎对这样一群突然降临的不速之客毫不惊奇。通常，我以为这种成群结队从城里来乡村的人都不怎么受欢迎，甚至还会有些防备。

但是，麦田志愿者，在这里深受尊重和欢迎。

晚上回到学校汇总材料时，我把这样的感受讲给同样作为志愿者的猫街中学麦苗班班主任施老师听，施老师很自然地说："在猫街这些村子里，只要看见麦田的这身'皮'，一定都会认得和欢迎的。"

这会儿，我理解了袁娜老师在头天晚上培训时特别交代要穿麦服了。这服装，这颜色，在猫街中学，在猫街的彝族村庄里，有了深深的信任和期待，有些村民甚至都认不全那些印在服装上的字，但是知道是麦田来了。

（在这一天，我甚至对单位要求穿工作服这件事有了一些深刻的了解，工作服就是一种职业承诺。）

村民的友善和信任，在随后的走访中我深深地感受到了，并向麦田计划十多年来滴水穿石一般的坚持表示深深的敬佩。

这样的信任，是麦田计划做出来的，是志愿者走出来的。

志愿者每到一个走访家庭，全家人都已等在家里，按照麦田计划的要求拿出了户口册，让志愿者登记家庭成员情况，如实回答志愿者提出的家庭收入支出情况，因病、因灾、因学、因残至贫的情况，甚至还要提供就医吃药治疗凭据。由家里的小孩子带着实地查看家里的房屋情况，厨房、卧室、客厅，还要看他们家的粮食和干肉……还要给准备申报资助的孩子和全家照张相，临走所有的资料让孩子和家长签上名字，因为这些资料作为基金会审批的必要材料，麦田规定必须由走访和被走访的参与人签字，一来保证其真实性，二来保证其信息权利。

走访中感动于麦田走访在当地的影响，还有两件小事：

一是我们的的哥。因口音问题，志愿者和走访孩子的父母互相听不懂说话内容时，面的师傅主动充当翻译，甚至直接问村民志愿者想问的问题，然后再翻译给志愿者听。

二是走访的小孩。每到一个家庭，首先出来的是孩子，大多数孩子一看见是麦田志愿者进门，就喊家里父母出来，他（她）自己呢，手忙脚乱地拿出些凳子来，叫叔叔阿姨坐下。有的赶快去倒水。好像这些孩子已经与志愿者有一种默契，仿佛早就认识了。

接近中午时，山风呼呼，电闪雷鸣，突然下起了冰雹，大家拉

志愿者与走访家庭核对信息

紧了衣服，有些瑟瑟地走进彝家小院。

小孩子看见我们进来，先忙着拿小凳子，看到我们冷的模样，又赶快将我们引进厨房，抱来一把干柴在架着三脚架的火塘里点燃。

一时间，麦田橙色的服装和熊熊的火苗相互映照，那寒冷中的温暖，形成一幅我所看到的最美丽的画面，久久暖在我的心中。

第四话　这个世界最美的事，互相给予，互相成全

麦田走访，不是为扶贫，为的是帮助孩子实现梦想。

十多年来，麦田公益组织以最真切的行动和视角，见证了国家的发展和减贫的成绩以及对教育的高度重视，据昆明麦田的负责人翠湖介绍，麦田也从最初的物质资助为主升级为深度教育帮扶。

现在麦田计划对进入麦苗班的孩子有几个条件：

家庭贫困；

孩子学习优秀，自己有强烈的主动学习愿望；

孩子的父母有支持孩子继续上好学的愿望和行动。

麦田走访中，最让志愿者感触的就是受访孩子对志愿者说出的一个个理想。它们唤醒了孩子的渴望，照亮了志愿者的爱心。

每到一个家庭，麦田走访者非常关心的是这个家庭的贫困程度，更关心的是这个家庭想要改变贫困的渴望。而这种渴望，最直接的就体现在孩子的理想里。

看着一双又一双纯净如一泓清水的孩子告诉你他们的重大秘密时，那是怎样一种惊喜和幸运呀，那是一个世界，一个未知的可能的世界。

我最关注的是麦友们问孩子们有什么理想、愿望，长大后想干什么。

当听到孩子们说长大要当医生，要当老师，要当警察，要当律师，要当演员，要当画家、作家的时候，我竟然差点忍不住滑落眼泪，差点要对孩子说，“谢谢你，谢谢你有这么大的理想！谢谢你让我知道你有这么远大的理想！我小时候，可只是想做生产队的记分员！”

瞬时，我脑海中浮现出英国诗人布莱克的一首小诗，诗的名字叫《天真的预言》：

一沙一世界，
一花一天堂。
双手握无限，
刹那是永恒。

是的，麦田志愿者听到的每一个理想，其中都珍藏着孩子一生的美好，孩子是父母的期盼，因为遇到这个好时代，遇到麦田计划，这些理想可能就真的成真了。

麦田理想成真的孩子，他们会为这个世界增加光亮，这就是麦田计划的初衷。

这个世界，由我们一个一个的人组成，每个人都生活无忧，梦想成真；每一个人都在这个世界上靠自己的力量安身立命，有尊严存在，这不就是多少乌托邦和理想国所追求的吗？不就是我们党和国家正在孜孜以求的全面小康吗？

那一天，走访归来的路上，我一直想着两个小孩。

一个是张姓小男生，他想要当警察。走访中他的态度和行为，让志愿者觉着又可爱又好笑。当志愿者告诉他想用手机记录一下他和他家人住的房间时，他欣然同意拍摄自己的房间，他和奶奶住一房，志愿者看到房间干净、整洁。当要去拍他父母的房间时，他紧张得一脸通红。他生怕志愿者一脚踏了进去，他一面紧紧地拉住门把手，一面说，他们的房间太乱了，真的太乱了。

一个是张姓的小女生。她始终不说她的理想。她们家房子破败窄小，生活条件恶劣。她的父亲，明显是穷而无志。见到麦田走访人员进来，他反复提出要求，说你们一定要帮我家盖房子，一定要帮我家盖房子……根本没有弄清楚志愿者是来帮助孩子上学的。那女孩长得眉清目秀，穿得洋气，但却是怯生生的，没有灵气。我来回问她有什么理想和愿望，她都紧闭双唇，一言不发，我最后问她，“真的没有吗？”她还是摇了摇头。后来知道，这女孩在两批志愿者前后到他们家的时间里，换了两次衣服。大家多半认为她帮扶难度大。

麦田志愿者的到来，让孩子们不自觉地看见了自己想成为一个什么样的人。

男孩已经觉察了家里不整齐是害羞的，女孩没有明说她的理想，有这样一个父亲的家庭，她不敢想自己的前途，但是她希望麦田的走访者能够注意到她。

录完走访信息，上报基金会后，已是晚上九点多了。在返回昆明的路上，志愿者们还沉浸在走访过的一个个家庭中，还在回想那一个个性格各异的孩子。大家提议说，让参加今天志愿的孩子们分享一下走访的体会。开始的时候，孩子们都有些矜持，不好意思说。小米说那我们就发个麦田红包雨，抢到最多的小朋友发言。

印在麦服上的话，“谢谢这些孩子给了我们一个表达爱的机会！”

一下子，参加志愿走访的孩子们活跃起来。其中两个孩子的发言让我记忆犹新。一个大约三四年级的孩子说：“我今天参加走访，知道了身在福中要知福。”一个大约六年级或初一的孩子发言说：“我今后要多多帮助他们。”有人问怎么帮？孩子说：“我以后会赚很多钱帮助他们。”又有人问：“怎么赚到好多钱？”孩子说：“要好好读书。”

全车人热烈鼓掌，大家一致认为，今天走访已经取得圆满的结果。

麦田志愿者、资助者、麦苗班，总有一天都会明白：

这个世界上，最美好的事情，就是相互给予，相互成全。其实就是那句印在麦服上的话——谢谢这些孩子给了我们一个表达爱的机会！

第五话　麦田成长，仿佛看见来时少年模样

春天我来，麦苗青青，夏天我来，麦浪金黄。

这样的色彩转换，是季节，也是我等待收割的情怀——是我对

走访的孩子们

麦田认识的加深，是我对麦田价值的认同。

在一次一次走进猫街中学周边的山村时，我很想知道同行的志愿者是一种什么样的感受？是从城市到农村的新奇，还是季节变换的欣喜？是寻找人生价值的尝试，还是身体力行的生命检阅？是潜移默化的公益，还是焦虑无望的寄托？是感恩生命的祝福，还是寻找幸福的落差？是治愈缺失的探索，还是回报社会的行动？是人生价值的体现，还是看见就不忍转身的责任？

这几个周末，我与昆明麦田的志愿者、资助者一起，颠簸在一眼望不到尽头的群山之中，放眼一片片绿了又黄了的麦田，走在不是故乡却似故乡的村庄，走进一户户挂着“精准扶贫户”的贫困家庭，与一个个放心告诉你他大大的理想、小小的心愿的孩子相见、交流，觉得时间有了更多的意义，甚至觉得那长在地里的麦子也有了不一样的意义。

于我，仿佛还有更加深远的意义。

汽车盘桓到天边山顶时，我回看了看山下沟壑之间星罗棋布的村庄，仿佛看见了我曾经的少年模样行走在田间地头，那一个又一个在大山中成长的孩子，与我素昧平生却那么熟悉，一如当年的我……

我忽然明白，或许坚持十多年不辍参加麦田的志愿者，寻访的不只是那个需要帮助成长的孩子，也有一颗颗自己成长时的少年初心！

在参加麦田计划的活动中，志愿者也受到了教育，得到了成长，增加了力量，获得了光明。公益，不是为了别人，或者说公益是经由帮助更多的人而帮助了自己。

麦田志愿者通过参加志愿助学活动，得到了一个美好的祝福，懂得爱别人，才会更加爱自己、爱生命、爱生活。

麦田志愿者通过参加志愿助学活动，看到了艰苦的环境中与命运抗争的尊贵生命，懂得了不诉苦，不批判，做最好的自己，做美好环境的建设者。

麦田的志愿者通过志愿助学活动，知道了这个世界上人与人之间深层的联系，你就是我，我也就是你。将心比心，换位思考，遥远的你并不遥远。

最根本的是，麦田志愿者通过志愿助学活动，相信一切皆有可能。一个孩子享受到不一样的教育环境，一定会挖掘更大的可能……

走访中有两个孩子令我记忆深刻。一个女孩子，说要当医生，是在三家村，她家在村子的最上面。当问到她会什么，她说国际象棋。一听到这个回答，我就叫昆麦小米赶快过来，她们在猫街小学开展的公益活动就是国际象棋。小米一听跑了过来，问了她一连串的国际象棋问题，她都一一对答。小米问她有没有象棋，如果没有，她的车上有一副。女孩说有，就去床头翻了一阵，找到了象棋，收得好好的。她拿出来摆开后，当场教我下起来。小米很高兴，我很有感触：一颗种子终归是会发芽、开花的。

一个男孩子，是在麦地冲村。他的理想是当个作家。他因为生病休学了两年，就在手机上看书，看了很多书。在他们家走访时，经验丰富的麦友火警听到他说理想是当作家，要求看一看他的作文本。我看了他一整本作文，发现这孩子读书很多，感觉敏锐，表达精准，语言丰富。他把做好事的志愿者定名为“爱心团伙”，他写他父亲对奶奶的孝心，写他们家英勇护家的小白狗，写他20年后好的和不好的自己，写他看过的好书，感觉时间从一个字一个字里过去了……妙语连珠，有趣得很。走的时候，我们俩互留了微信。

少年梦想，贵如珠宝。每一个人都有理想，需要环境去创造，需要精神去唤醒，需要自己去奋斗。

公益参与者也许都是些怀揣着美好梦想的人，或许他内心深处那个曾经少年美好的期望也在成长，源源不断地支撑志愿者去建立一切美好的关系，传递快乐的能量，做有意义有价值的事情，通过

女孩在教我们下国际象棋

自己的努力去实现梦想，超越平凡。

后记

麦友说："没有参加过麦田走访，就不算真正了解麦田。"初开启麦田走访之旅的我，算是有点理解这麦友语录的意思了。

眼见为实。

如果想象是翅膀的话，那眼睛就是现实。行走过程中发现意义，感受美好——麦田的走访，真是一次次心灵之旅，感动之旅，赞美之旅。

最近一次麦田走访归来，大家停车与一片麦田留影时，我又有点发呆，看着到处金黄的麦田想，所谓公益，就是一种自我成长，自我治愈，自我实现。

（一丘田）

08 给你的信（上）

我叫骆驼，在上海工作，父母都是教师，可惜我不算是个好学生，勉强混出大学。我在2007年加入麦田，一共资助了3个孩子，现在2个孩子在读。

2007年的时候，有个姐姐常跟我说起麦田，说起她资助的孩子，于是我注册了论坛，并且在5月份成功地资助了湖北十堰第一批走访的学生中的一个，她叫大艳。那时候大艳刚上三年级，她还有个姐姐和一个双胞胎妹妹小艳，可惜当时我没能同时资助。

早前的麦田论坛还没像现在这么完善，也没有资助系统可查阅，所以除了结对时候在论坛的基本资料和一张照片，就是之后半年一次的信件，里面有信息反馈表和孩子写的信。看信是一件很有仪式感的事情，常常让你开心与满足。

我和大艳的关系，自2013年，温度不断提升。

2013年之前，我也如同绝大多数的资助人一样，给了资助款就万事大吉，六年间我只是给她寄过一次文具，而她给我的信中每次都是感谢我这个阿姨，她会努力读书的。

2012年的一天，妈妈找我谈心，她觉得我太懒散了，既然我这么喜欢韩红，就应该像她那样，做些力所能及的事情帮助别人，这是她对我的期待。当时我挺受触动的，于是2013年我开始参加上海麦田的活动。

在一次资助人分享会上我遇见了朵妈，朵妈是资深老麦，大艳那批孩子的走访就有朵妈的身影。我们在会后聊起了大艳，这是我第一次亲耳听到关于她的消息。

她会在发放的时候忙前忙后替志愿者添茶水；天冷也要做家务，她的双手长冻疮，红肿；她妈妈身体不好，她的姐姐很早就辍学去打工了等等。朵妈的讲述，让我第一次觉得这孩子离我很近，让我第一次觉得我应该多关心她。那年通过朵妈和十堰的志愿者小棉花，送去了我的信和礼物。我告诉大艳，等她考上高中，我就去竹山看她。

2014年暑假，大艳和小艳都考上了县重点中学竹山一中。在我QQ空间日志里，记录了这样一段对话，是她中考后，我迟迟未收到消息，询问后的聊天记录节选：

我：大艳小朋友，你没有好消息要告诉我吗？

大艳：好像没有吧。

我：你不是考上一中了吗？

大艳：嗯。

我：就没什么想跟我说的？

大艳：你怎么知道啊？姐姐，你知道吗？对我来说，上一中还不如不上，不仅是你还有我姐姐都为我付出太多了，虽说上了一中但只是一名均衡生，所以我并不觉得有多值得开心（均衡生是指在中考分数线下的在学校排名较高的学生可按正取生录取）。

我：只要能上，均衡生又怎样，虽然我并不明白这是什么意思。你姐姐也一定希望你能有继续升学的机会。高中是为了让你更好成长和学会更好地承受压力。

大艳：你说的也是，这的确是一段必不可少的经历，希望自己可以在这段经历中越走越远。

我：人生是长跑，要学会跟跑，不要在意一时是不是领先，前进的时候有收获有乐趣才重要。没有永远的胜利者，一帆风顺的人更经不起风雨，要强大自己的意志。

9月下旬我如约去了竹山，武汉的死党小猪跟我同行，十堰的麦友大海在朵妈的委托下护送我们往返。从上海到竹山，近1 300公

我们的合照

里。我问大艳姐妹高中生活的情况，絮絮叨叨地叮嘱这个那个的。两个丫头都特别腼腆，问一句答一句。小猪一直在边上打趣损我，让丫头放松许多。我们见面只有短短两个小时，晚上她们要晚自习，我们一起参观了新校园和宿舍，在校门口合影后就撤了。

也许有人会说，跑那么远，就只是为了见一两个小时，值得吗？还不如将路费也捐给她们。我觉得面对面交流的感情是不同的，我是活生生热乎乎地站在她的面前。当她再想起我的时候，我不再是纸那一端、模糊不清的阿姨或姐姐，而是骆驼，她亲眼见过的骆驼。

那次见面之后我们的交流变得频繁，谈论的问题也是五花八门。她也会遇到“别人家的孩子”这样的困扰，我也试着不断开导她：理解妈妈，理解姐姐。

大艳对自己要求很高，感觉高中压力很大，考试不理想。我只能劝她每天有进步有收获就好。我从2013年开始参加上海“一个鸡蛋的暴走”，通过徒步50公里向亲朋好友为山区孩子募集鸡蛋或者为上海团队项目筹集资金。大艳也每次从她有限的零用钱里拿出钱来捐款，看到的时候我都特别感动。

自从去过竹山，我才发现当资助人真是太容易了。除了花几分钟时间汇款，几乎不需要再为孩子做什么。而做一个志愿者，太辛苦了，你看不到那背后许多的工作量，走访、整理资料、上报审核、发放资助款、发放物资、第二课堂、回访，每一次，都是全国麦田志愿者在亲力亲为。

突然有一天，我觉得自己应该多做一些，不仅仅为她，也为更多的孩子。或许我也希望自己成为一个榜样。2007年到2018年，在麦田从资助人到志愿者，到认证志愿者，到上海团队的工作组成员，再到项目部的岗位志愿者，虽然每一步走得很缓慢，但也很坚定。我想，如果没有她，这一切都不会发生。

2016年11月大艳高三了，我按捺不住，又去了一次竹山参加发放，小猪依旧同行。这次去之前，我并没有告诉她，想给她一个惊喜。我看到她脸上的笑意，而我，很喜欢这笑容。发放完成后，其他孩子继续上课，大艳和小艳留下来陪我。那天，大艳紧紧地抱了我好久都没放开，我能感受到她对我的想念。

2017年6月，大艳和小艳姐妹俩高考，虽然我没有去陪考，但那几天我真有点紧张。7月底，她俩都考上了武汉的大学，在麦田我和大艳的资助关系结束了，正好十年。之后，她俩都成了武汉团队的志愿者，开始帮助别人，这让我很骄傲。

如今的我们，可以聊的更多了，我们有彼此的QQ和微信，可以了解彼此的生活，我可以建议，可以提醒，可以解惑，可以谈我们各自喜欢的人物和事物，也可以谈论爱情……其实，我更希望她知道这世界是多元的，人生的选择是多样的，生活的路是艰难的，人心不是非善即恶，心中要永远存着希望的火苗……

十二年前，懵懵懂懂无知无畏的我，幸运地遇到一个总认为我给她太多的早熟女孩。

遇见朵妈后，我不止一次想过，如果当初大艳的资助人是朵妈，她会不会觉得更幸福，毕竟朵妈更成熟更温柔更细致，毕竟朵妈在人生路上能给她更多指引，毕竟在2012年之前我几乎没有联系过她，而朵妈几乎年年去十堰。

纠结于自己不够好的我后来想通了：一切都是最好的安排，我尽心尽力，只要能让她觉得快乐就好。2017年4月高三下学期的反馈表上大艳分享的最开心的事是：骆驼来巡山。

（骆驼）

09 给你的信（下）

「今天，孩子大艳也会说说她一直以来的感受，希望大家细细品读。」

小学的时候，一个高高瘦瘦的叔叔，他穿着橙色的衣服，到我们家给我拍照，说有人愿意帮助我们读书。有次在乡里的中学领资助款以后，叔叔阿姨们建议我给资助人骆驼写感谢信。

那时候资助款放在信封里，信封外面是骆驼的地址，信封里面除了钱还有一张很窄很长的纸条，上面是我资助人的姓名、年龄、ID、地址以及我的姓名、编号。

开始写信的时候我叫她阿姨，后来写信的时候我叫她姐姐，因

这对麦田里的双胞胎，越长越高，她们长大了……

为当时我觉得我一直在长大，而她一直都是29岁。上小学的时候她给我寄过文具，是一个蓝色的文具盒，里面有笔有尺子还有橡皮，这是我的第一个文具盒。

初一的时候，班主任说她打电话问过我的情况，我知道后感动了很久：原来远方有人，一直在默默关心我。

有一次领资助款的时候，妹妹长了冻疮，后来她就给我寄了很多护手霜、毛巾和保暖内衣。后来我问她要了她的照片，照片中的她笑得很明媚，让人觉得特别温暖，这种温暖和当时如歌姐去我家走访临走时给我的拥抱一样，让人觉得温暖。

忘了从何时起，我经常向她诉说心事，跟她说一些生活琐事。她在我的心里就是无所不能的存在，每次和她聊天都是一种成长，直到现在，她已经教了我很多书本上学不到的东西。

初三的时候，我想去读职教，妈妈不同意。那时候的我不懂事，经常和妈妈闹，和姐姐吵架。骆驼开解我，妈妈有时候会骂我，可能这是她表达的方式，骆驼希望我多多理解妈妈，尊重姐姐。

她也跟我说，等我上高中就来看我。那时候我充满了动力，她的话给了我坚持学习的动力。当我拿到高中录取通知书的时候，可以说是喜忧参半。喜的是我终于可以看到默默关心了我那么多年熟悉又陌生的她。忧的是高中学费不低，也是一个压力。

高一的时候她真的来看我了，见她的那天，我特意洗了头发，换了身干净衣服，还把寝室收拾得干干净净。见到她的时候已经是下午了，我带她去了我的寝室，我们还在寝室合了影，她坐着，我和妹妹站着，同行的小猪姐姐说她像佛爷，当时我听了忍不住就笑了。之后我们还在学校转了转，临走的时候她给了我一个温暖的拥抱。

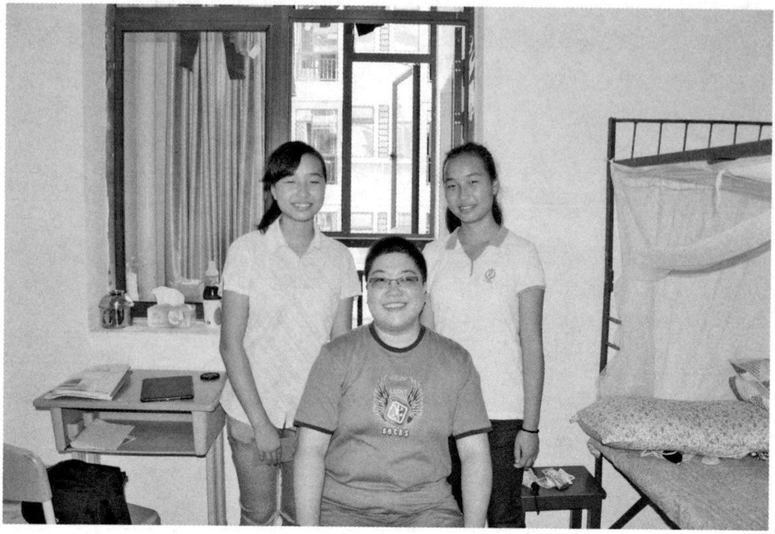

与骆驼的见面

2013年的第一次见面，骆驼从信里熟悉的陌生人，出现在我面前，跟我说话，给我拥抱，我们见面了！

第二次见她是高三的一次发放，她虽然没说她会来，但是我记得她说过还会来看我，所以每一次发放我都特别期待能看到她的身影，虽然猜到了她会来，但是兴奋没有减少。

上大学之后，骆驼依旧关心着我，让小猪姐姐给我送棉被、送带绒的被套，还有一朵能带给人快乐的花以及一个背包，等等。

我很感激骆驼，她会陪我唠嗑，会听我说心事，还会教我很多不懂的东西，骆驼对我来说既是亲人又是朋友，骆驼就是我在远方的姐姐。

现在的我们在麦田

当了十年麦田的孩子，这十年说长不长说短也不短，在这十年

2017年参加十堰团队的年会

里，我最想感谢的还有十堰团队的志愿者，如暖冰姐姐、船长、白河大叔、小阳光等人，是他们不分酷暑寒冬一直在一线为我们这些孩子送温暖，关心着我们的学习与生活，近距离地与我们交流，让我们更近地感受到了来自麦田的温暖。

现在我和妹妹都在武汉上学，我们两个一上大学就加入了麦田，第一次真正接触麦田的活动应该是2017年在骆驼的提议下参加了年会，去了就帮忙，大家都很热情，感觉是一家人。

后来我们一起参加了爱行、义卖、物资整理、发放等活动。2018年我和妹妹获得了武汉麦田的最佳新人奖。

平时木子姐姐、松哥、蓝天大哥等人都很照顾我们：木子姐姐替我们找兼职；松哥、蓝天大哥会带我们玩；特别是如歌姐，参加麦田最开心的就是和她重逢，因为她和朵妈一直都是我记忆中印象最深刻最温暖的人。

参加麦田之后最大的感触，就是能够用自己微小的力量和大家一起去帮助别人，真的很快乐。尤其是看到像我一样大山的孩子们会心一笑的时候我感觉特别幸福，就像是看到了当初的自己，也看到了自己的成长。

（大艳）

卷二

麦客访谈

01 那束照进我童年的光，照亮了我的求学路

「今天，我们邀请了大化麦苗班的孩子，现在百色读大学的柳吉，来分享她的成长经历。」

今年是我遇到麦田的第十个年头，在这十年的时间里我从羞涩的小女孩成长为开朗的大学生。小学、初中、高中再到现在的大学校园，这一路走来都有麦田的陪伴。

我记得那是2009年，我读小学四年级的时候，一群穿着橙色衣服的叔叔阿姨来学校陪我们玩游戏，还给我们带来了很多学校没有的课外书籍，建立了一个图书角。之后每个学期都会来学校陪我们玩，跟我们拉家常，给我们更换新的图书，还给我们发放资助款。

后来我们才知道，这些叔叔阿姨来自麦田计划，而我们班是他们在我们学校建立的第一个麦苗班，听说这也是麦田在广西的第一个麦苗班。

因为他们，我小学的时候才有机会阅读大量的课外读物，这些读物对我的影响很深刻。也因为他们，让自幼失去双亲的我不再感到孤独，觉得自己也是有人关心的，尤其是南宁团队的志愿者和小

2010年大化麦苗班第一次大合照

杜叔叔。

我有爸爸啦

记得第一次见到小杜叔叔，那是2010年春节的时候，我的脚腕因为意外受了重伤，整个人的情绪很低落。麦田的志愿者来我家看我，其中有一个留着板寸头、笑起来很有感染力的叔叔，有志愿者问我：你知道他是谁吗？我记得自己当时脱口而出："小杜爸爸。"大家听到我这样回答，都大笑起来。

小杜叔叔和我聊了很多，具体内容因为我太紧张而记不太清了。只记得他说"这就是我闺女"的时候，真的感觉自己原来是有父亲的。自此，小杜叔叔变成了小杜爸爸。

之后每个学期都会写信给小杜爸爸，他每次都会给我回信，我会把家里的情况和自己最近的学习状况告诉他，有什么困难和疑惑他都会耐心地一一解答，也会与我分享他的近况。记得有次我在信

第一次见到小杜爸爸时的合照

中说最近看了很多大冰的书，觉得他写的故事很有感染力，以后也要像他一样出去旅游，去领略各地的风景，交很多志同道合的朋友，与他们分享自己的故事。他便回信给我说了很多他以前去过的城市：内蒙古草原、北京紫禁城、西藏拉萨……还有旅途中遇到的人和事。他还把那些地方的风景洗成照片寄给我。我小小的心灵里，想着长大以后，也要去这些地方走走看看。

小杜爸爸，和我身边的人完全不一样，他总教导我要学会独立思考。每当我遇到困难的时候就会写信给他，他总会耐心地帮我分析，再让我自己做决定。记得高中文理分班，我很纠结要选文科还是理科，他没有直接给我下决定，而是结合了我自身的实际情况，分析选文选理对我而言的优势和劣势，再让我自己选择去文科班还是理科班。

有一次我们聊到上大学的费用时，小杜爸爸的一段话我至今还记得很清楚：不要觉得去申请助学金很丢人，你去申请是因为你现在需要这样的帮助，每个人都无法决定自己的出身，你现在很穷，不是你的错，也不要去抱怨，你只有努力让自己变得优秀，才能让你的生活越来越好。

之前我确实是这样的心理，因为自己家里穷而变得自卑，甚至觉得有点丢人。但是现在我觉得贫穷也可以驱动我，让我更懂得克制自己，更努力去拼搏，我也可以成为很优秀的人。

因为麦田的陪伴，哪怕高中的时候，学校只有我一个受助的学生，二师兄也会倒两班车，跋山涉水来给我发放资助款。我才能在很多同学都辍学的时候，依然坚定自己的信念，一定要好好读书，考上大学，走出这大山。

我也是麦田的志愿者啦

2019年3月5日，在百色上大学的我第一次参加麦田的活动，有人问我麦田计划是什么？我说："麦田就是培育我们这些麦苗的呀，我们在成长，麦田也在成长，在我们的成长路上有很多人陪伴，我们不再感到孤单。即使前方的路布满荆棘，我们也可以勇敢地走下去，勇敢地追逐自己的梦。因为我们知道，有人会默默地站在我们身后做我们坚强的后盾。"

在广西大化，还有很多孩子，因为他们的世界太小了，根本不知道山的外面还有一个更大的世界。因为大多是留守儿童，没有父母在身边陪伴和引导的他们会很迷茫，再加上乡村大环境的影响，很多都是小学没念完就辍学，步入了和父辈一样的生活轨迹。我希望能更多地参与到麦田的活动中，和大家一起，把这份爱传递下去，让更多的孩子都可以乐享教育，成为更好的自己。

（柳吉）

02 从阿 Sir 到 NGOer，初衷竟然是可可西里的藏羚羊

「有人说，晚睡是因为今天没有感到满足的事情，所以不舍得睡，刷抖音、点赞朋友圈、打王者荣耀，熬得发际线后移、脸色蜡黄、黑眼圈比眼睛还大。而我说，那是因为你们没有来听麦友的故事。

2019年起，麦客中心推出睡前栏目——麦友故事汇，定期邀请不同职业的麦友，听听他们的职业、个人生活与麦田之间的相互影响。

睡前听一个故事，了解更可爱的麦田人。

本次主题是麦田里的警察，我们共邀请了3位麦友，今晚我们先来听听来自扬中麦田的江风给我们分享的故事。

他是资深麦友，目前担任扬中市麦田慈善基金会理事、麦田教育基金会理事。在他的倡导下，扬中麦田举办了一双球鞋的暴走、520夜跑、每周三去哪儿、麦奶茶等品牌活动和公益项目，连续多年当选麦田计划金色召集人。同时他也是一名人民警察，从警24年。」

Q：麦小妞；A：江风

Q：为什么叫江风？

A：扬中是长江中的一个岛，四面环江，我曾经在江边工作了四年，每天面朝长江吹江风，所以给自己取了个网名：江风。

Q：怎么想起来做公益呢？

A：2003年，我看了一部电影——《可可西里》，被可可西里的藏羚羊所吸引，那时候一门心思想去做保护藏羚羊的志愿者。后来也有机会坐着卡车穿越了一次可可西里。

在那里，我认识了可可西里的第一批志愿者，其中有个叫洪波（格桑花西部助学创始人）的志愿者，给我的感触很深，在她的指引下，我走上了公益之路。后来又认识了曹彬、莫凡，因为莫凡，认识了麦田。

Q：警察身份做公益，有什么影响吗？

2005年，在扬中市新坝中队拍摄的工作照

A：刚开始做公益的时候，还没有支付宝、微信等支付平台，收款都是使用我个人存折的。因为我是一名人民警察，所以大家信任我，捐款时也不担心自己会被骗。

Q：做公益这么久了，有没有遇到什么有趣的事情呢？

A：有一次在路上执勤，一辆出租车突然停在我旁边，驾驶员问，你就是那个做助学的交警吗？我说是呀。这位驾驶员便丢了200元在警车引擎盖上，然后绝尘而去了。我当时一脸懵，半天都没反应过来。这大概是我做公益以来，遇到最有趣的事情吧。

Q：有没有什么事让你印象深刻的呢？

A：我印象最深的有两件事。

第一件是2007年4月，我听说有个读二年级的女孩白血病复发了，因为家庭贫困，一直待在家喝中药。于是我们决定去看看这个孩子。

在孩子家里，看到孩子房间里挂满了纸叠的千纸鹤，我很好奇，问她："你折这么多千纸鹤做什么呢？"她说："等房间都挂满了千纸鹤，我的病就会好了。"

我还看到孩子有个储蓄罐，里面有5分、1毛、1元，我就问孩子："你用储蓄罐里的钱做什么呢？"孩子说："爸爸妈妈现在没有钱给我看病，我就自己攒钱，我相信有一天我会攒到看病的钱。"我感到心酸和无力，因为这个孩子上幼儿园的时候就得了白血病，后面治疗好了，现在又复发，且病情比较严重。

离开的时候，她和她妈妈站在门口送我们，她妈妈牵着她的手一直在哭，但孩子很天真地笑着和我们挥手说"叔叔阿姨，欢迎你们再来"，这一幕让我很揪心。我想，我可能不会再来了，因为我觉得我没办法为她做些什么，也帮不了她什么。

但之后，我一直很记挂这个孩子的情况，总觉得我需要为她做点什么。于是我就在论坛开辟了“雅倩专栏”，为她募捐；也在市区举办“满城放飞千纸鹤”的募捐活动，在市区挂了很多千纸鹤，期待有人关注这个小女孩。前前后后在扬中募捐了7万多元。筹到钱以后，我们便把她送到医院化疗。

当时我觉得这只能稍微延长她的生命，医生说要根本解决就得骨髓移植，大概需要花费40多万元，而且手术风险很大。但不管怎样，我们还是先把孩子送到原北京军区儿童医院。后来我们得到“雅昌艺术论坛”的支持，他们在网上发起了70场义卖，一个多星期的时间募集了21万元，并打到我的个人存折上。当我从银行里取出这21万元时，我觉得沉甸甸的，我这辈子第一次见到这么多的现金。孩子是幸运的，她使用她妈妈的骨髓移植成功，现在已经上高三啦，还有两个多月就要高考了。在我们的帮助下，她妈妈开了个洗车场，家庭经济状况得到了很大的改善。

第二件是第一次做“一双球鞋的暴走”。2011年，上海联劝公益基金会发起“一个鸡蛋的暴走”，我很喜欢这个活动，一方面能筹款，另一方面能让更多人参与公益，所以我想在扬中也做一个类似的活动。

于是2012年，我在扬中发起“一双球鞋的暴走”。但我很担心大家的参与热情不高，因为除了走完18公里外，还要捐出50元钱，正常人应该都不想做这种事情吧？甚至在活动宣传前期，有人打电话问我：“是不是我报名你就送一双球鞋给我？”当时觉得能找到一两百个人，筹到五六万元就已经很不错了。但第一年报名的人数就有600

2013年“一双球鞋的暴走”活动现场

多人，总筹款达到16万元，远远超出了我们的预期，极大地激发了我们的信心；第二年报名的有1 200多人，总筹款二十几万元；第三年、第四年……这个活动就这样慢慢地发展起来了，人数最多的时候达到4 000多人。

这个活动后来也上了99公益平台，2018年总筹款90万元。整个活动得到突破，最大意义在于向整个社会大众推广公益，让大众都能关注并参与麦田。

Q：你对公益，有什么自己的理解吗？

A：我个人觉得，公益是一个人的兴趣爱好，也是一味良药，每个人都需要它，这跟人们需要锻炼身体一样。公益最大的功能是提升人们的素养，促进社会和谐以及文明；还有一个是帮助、鼓舞服务对象。公益就是做改变人的工作，实践比任何说教都有用。

Q：你期待扬中麦田未来是怎么样的呢？

A：2018年9月，扬中麦田成立基金会，现在处于创始阶段。所以目前有很多行政类、筹备类的工作。往后想做更多提升孩子素养的项目，也希望得到各个团队的支持。

扬中麦田的未来应该是一个资助型的基金会，筹款能力快速提升，能够辐射到越来越多的社会大众，成为一个透明、规范、专业的公益组织。

团队的年轻人稳健成长，挑起运作团队的大梁。目前团队的新生力量能力超凡，不管是专业技能还是公益思维，我都很看好，期待我以后能走到幕后，做一个只参加活动的志愿者。

感谢全国各地的团队给扬中麦田的支持。也期待麦田计划发展得更好，发展成为公益圈里叫得响的品牌。

（江风）

03 当警服遇见麦服，谱写了最长情的陪伴

「2019年起，麦客中心推出睡前栏目——麦友故事汇，定期邀请不同职业的麦友，听听他们的职业、个人生活与麦田之间的相互影响。

睡前听一个故事，了解更可爱的麦田人。

本次主题是麦田里的警察，我们共邀请了三位麦友，上一期我们邀请了扬中麦田的江风给大家带来了他的警察故事，今晚我们来听听来自东营麦田的青衣给我们分享的故事。」

1989年参加公安工作，有着丰富的基层工作经验，多次立功受奖，先后被评为人民群众最喜爱的十佳民警、山东省优秀人民警察等荣誉称号。

2005年参加麦田计划至今，现为东营麦田召集人。

（Q：麦小妞；A：青衣）

Q：为什么加入麦田？

A：麦田是在众多公益团队里，与我自己的公益理念和使命愿景最为接近的组织。做麦田志愿者十几年的时间里，我也学到很多，

和麦田一起成长，公益思维更加成熟。

Q：那你是怎么认识麦田的呢？

A：跟麦田相遇，其实很偶然。2005年11月我去湘西旅游，回来后在网易的旅游版面发了一篇游记，文章被版主加精。于是有很多人跟帖问攻略，问吃住行游购娱，我就经常回帖把经验告诉人家。当时跟我同时置顶的帖子里，有一篇是莫凡的《篱笆墙的孩子》。我顺手点开看了之后，就被深深地吸引住了，我自己也关注失学儿童多年，也单打独斗地去资助孩子读书。这个帖子，让我感觉到，好像找到组织了。之后，我关注老莫的帖子超过了关注我自己的帖子。到现在依然觉得老莫的那个帖子宣传效果太好了，非常打动人心。于是我按照上面的联系方式，找到了种子，她告诉我东营刚好有麦田志愿者，我就找到了当时的东营团队，认识了北北和二当家，成了东营麦田最早的一批志愿者，一直到现在。

Q：警察身份，对你做公益有什么影响吗？

A：有一年我们给麦田资助点的孩子筹建图书室，就联系了一个书商，麦友垫付本钱，低价购进了一批新书，然后去义卖。活动过程中遇到一个阿姨，围着我们转了好几圈，有麦友给她介绍我们是什么样的活动，我们在做什么。过了一会儿她走到我身边，试探地问我："你是不是那个派出所的所长？"我回答是。她原本将信将疑的神情立刻就释然了，问我是不是需要旧书，她有一些《读者文摘》可以捐出来。我说是的。后来她真的骑着三轮车，把一些杂志和旧书送到我的派出所去了。还跟我说，现在骗子太多了，捐给你们，她很放心。

还有一次同学聚会，有同学就毫不掩饰地跟我说："原来我觉得什么学雷锋做慈善都是假的，都是给自己那点见不得人的小心思冠个大光环。但从你这里，我的想法有点改变了。”也有人直接跟我说：“以前我觉得警察就是土匪，警匪一家，不把老百姓的事儿放在眼里。但看到这么多年你一直坚持做公益，原来我对警察有误解，原来民间的慈善，也不全都是骗局。”

所以说警察与公益是相互影响的、借力打力的。也让更多人看到，警察和公益人都是有正能量的人群。这对改善社会秩序稳定、增加人与人之间的信任有良性的影响。

Q：你觉得做公益，给你最大的启发是什么？

A：我小时候的理想是当老师，没想到后来却做了警察。不过现在倒是也有机会过过当老师的瘾。山东这边的教育系统，有在政法部门聘请法制校长的做法。因为我喜欢孩子，又有给孩子们讲课的经验，很多同事就让我代他们去担任法制校长的学校讲课。我通常在进行校园暴力的应对教育、安全教育、法制教育的同时，为孩子们带去公益理念的启蒙，用麦田故事，影响孩子们对社会、对公益的深度认知，一举两得。

2017年，山东省教育厅规定高中生需要完成社会服务活动积攒5个学分，以公益活动、志愿服务为主，三年不少于25个工作日。这下让本来门可罗雀的各个公益组织，一下子变得门庭若市。甚至有些新成立的公益组织，为了让孩子们完成这200小时的社会服务时长，设计出一些“作秀”活动，如一群孩子捡垃圾，一群孩子拍照，而家长在停车场等着。然后换个地方，继续捡垃圾拍照。还有一些初中和小学的孩子家长，看到高中有这个要求，也带着孩子加入各种公益活动中来，不管是否适合孩子，孩子是否愿意，先攒下积分再说。还有些

开展法制第二课堂，为孩子们带去禁毒、防拐卖、防暴恐、防校园欺凌等侵害的知识，为孩子们启蒙公益理念

孩子大热天在毒太阳底下，拿着小旗子在十字路口指挥交通，小脸通红，又是大汗又是灰尘，满脸都是疲惫厌倦和应付。看到这样的状况，我心里特别着急，不想在孩子们刚开始接触公益和志愿服务的时候，就对公益产生不正确的理解，更不想让孩子错误地认为所有的事情都可以只做表面文章，自欺欺人地去达到一些目的。以前东营麦田没有太多针对孩子参与来设计的活动，但从那时开始，我们有意识地设计一些孩子可以参与的志愿活动，希望能以此引导孩子正确认识公益，让公益影响他们未来的生活和人生态度。

Q：这么多年的公益经历中，有哪些事情让你印象深刻？

A：有一段时间，一直游走在社区、老年活动中心、党员服务社等地方，宣传“两打一整治”、预防盗抢骗。在现场解答大家疑问的时候，有居民直接问我：麦田现在还收课外书和衣服吗？要送到哪里去呢？我想参加活动怎么报名？当时我有点懵，不禁在想我刚才说麦田了吗？我今天来这里的身份是一个警察啊，她为什么要问这些事呢？

后来我把这个当成趣事讲给麦友听，麦友说，其实你自己不知道，你的脸上有麦田的刺青，在麦田活动现场的你，和作为警察身份的你，在他们看是没有区别的。

Q：未来在公益路上，你会做些什么？

A：我希望能影响到更多的人：受助的孩子、身边的志愿者和爱心人士。也希望在东营麦田，年轻人能慢慢地取代我们这些老同志，后浪的力量越来越强大，早早地把我们这些前浪拍在沙滩上。而我会在大麦田，继续着我的公益梦想。

（青衣）

04 最幸福的事，莫过于在麦田爱情友情双丰收

「2019年起，麦客中心推出睡前栏目——麦友故事汇，定期邀请不同职业的麦友，听听他们的职业、个人生活与麦田之间的相互影响。

A海，2005年加入麦田，佛山麦田志愿者，从警21年

睡前听一个故事，了解更可爱的麦田人。

本次主题是麦田里的警察，我们共邀请了三位麦友。前两期我们邀请了扬中麦田的江风和东营麦田的青衣给大家带来了他们的警察故事，今晚我们来听听来自佛山麦田的A海给我们分享的故事。」

（Q：麦小妞；A：A海）

Q：当初是怎么加入麦田的呢？

A：这个说来话长，自从警以来，我就是一名驴友，每年休假，总会约上其他驴友一起背上背包自由行。那个时候，互联网并没有现在这么发达，也没有微信，驴友们就会到大的论坛去找攻略、找同伴。大概是2005年底，我在网易旅行论坛上，看到一篇莫凡写的帖子——《篱笆墙的孩子》，帖子里放了很多山区孩子的图片，教室的墙是用竹篱笆搭建的，晨光透过竹篱笆，孩子们在昏暗的环境里上课，这场景深深地触动了我。那时心里突然冒出了一个念头，我是不是也可以为他们做点什么。就这样，我知道了麦田计划，并成为麦田的志愿者。

多年以后，偶然跟一些麦友聊起当初是怎么加入麦田的，才发现原来最早期的那批志愿者，大部分都是被《篱笆墙的孩子》所打动的。回头一看，原来在麦田这条路上，也已经走过整整14年了。

Q：警察工作中有碰到与公益相关的事情吗？

A：在普通人看来，警察的首要任务是维护国家安全、维护社会治安秩序、保护公民的人身自由安全。与公益，似乎并没有太多的联系。但在我看来，不管从事什么职业，我们都是社会的一分子，

那些年篱笆墙内上课的孩子

每天做一些我们力所能及的事情，帮助更多需要帮助的人，让社会更加美好和谐，这也是公益。

以前，我是部门的团委书记，也是局里的团委委员，开展团建工作期间，常常引入麦田的一些活动，比如发起过“一支铅笔”“麦田图书馆”“温暖小脚丫”等活动，得到了广大公安民警及家属的支持和信任。

2007年，我们团委筹集了12万支铅笔，捐赠给佛山麦田；2015年第一届99公益日，我们筹集了3万元善款，为山区孩子购买了棉袜，让孩子们的冬天不再寒冷；在清远的一所偏远学校里，我们与佛山麦田共同建立了麦田图书室等。看着当年一起身穿警服的战友热情地参与麦田的活动，我的内心都会感到温暖。

2015年，麦田佛山团队经过基金会批准，成立了佛山麦田社工中心。那时候专职只有一十一个人，每天看着一十工作到很晚，我心里很不好受。为了支持佛山麦田社工中心，我动员了身边的一些资源，帮忙找场地、谈租金、弄装修、配置办公用品，甚至是室内的装修铺贴，我也都全程参与了。中心成立后，在广大志愿者和专职人员的共同努力下，得到了各方人士的大力支持，开展了富有特色的活动，其中包括麦田童声合唱团。那时候每周六、周日都会抽时间去做合唱团的志愿者。

Q：这么多年的公益经历中，有遇到印象比较深的事件吗？

A：印象最深且最幸福的事就是在麦田里认识了一十，这一路走来，我们志趣相投，相知相爱，并在2007年结为夫妻。

A海、一十和他们的大女儿宝C

另一个事件是2008年8月，我、一十、莫凡一行三人，来到新疆，与当地志愿者一杯茶、程周建一起，对当地麦田资助的孩子进行回访。一路上，我们挤在一辆小面包车里，每天驱车几百公里，一家一户地回访，确保每个受助孩子的资料都是真实可靠的，以便及时向资助人反馈。当年，新疆公安机关对外来人员的管理特别严格，我们五人在入住阿勒泰市的一家旅馆后，出门吃饭回来，短短不到10分钟的时间里，就有警察上门盘问，并把我们全都带到派出所分开问话。我出示警察证后，就被请到旁边的一个会议室等候，而他们被问话了近30分钟才出来。现在想来，当时真的很“惊险”啊。

Q：这么多年，麦田对你有什么影响呢？

A：麦田不仅影响了我，也影响了我的孩子——宝C。

2015年至2016年，佛山麦田连续两年筹办新春花市义卖活动，那时候女儿宝C才2岁多，我每天下班后就直奔花市，宝C也跟着我们帮忙吆喝义卖。她童稚地问我什么是义卖，义卖这些可以做什么。我也及时地向她解释，义卖更多的物资，换到更多的义卖款，才能帮助更多有需要的人。我想，那个时候，宝C开始知道爸爸妈妈一直在做一件事，就是帮助有需要的人。后来，宝C到一所小学试课，为新学期入学做各种尝试准备。老师问她：“爸爸妈妈是做什么的呀？”宝C回答说：“爸爸是交警，妈妈是帮助穷人的”。原来，宝C还没有很好地理解妈妈所从事的社创工作具体是做什么的，这也让我们意识到，今后还是要多用通俗易懂的语言给她讲讲公益。

2017年，我和宝C以“宝C看世界”的主题做了一件小事，通过镜头记录顺德本土的环境污染问题。期间，我带着宝C走访区内的乡村河涌、垃圾场，以观察的视角记录区内的环境变化，拍摄了黑臭河涌、环卫工人等主题照片，并发布在网络上，还在学校、社区展示和讲解，呼吁大家养成好的生活习惯，节约用水、少用胶袋、绿色出行，为保护我们的生活环境而共同努力。

今年春节前的一周，顺德迎来了强冷空气，为了让宝C更直观地了解生态环境对候鸟的影响。早上6点，天还没亮，我俩穿得严严实实的，围上围巾，爬上三层楼高的简易棚架，架上手机、相机，观察和拍摄白鹭。有人很不理解，为什么非要在寒冷的天气去观察这些？为什么一定要在天亮前？这不是受罪吗？但是据我长时间的观察，在寒冷的清晨，候鸟才会倾巢而出地在竹林上空盘旋一两圈，那场面特别的壮观。气温较高的话，它们会分批出巢，就没有那么壮观的场面了。我希望通过这样的观察、体验，让宝C逐步了解鸟类与生态环境的关系，也希望能在她的心中种下一颗善待环境的种子，等她长大以后，可以为保护环境做点力所能及的事。

Q：未来在公益领域，你会做些什么？

A：未来在时间允许的情况下，我想把一些关于禁毒、交通安全等知识，联合麦田计划深入中小学开展一些培训课程，目前正着手做前期准备工作。此外，在乡下的房子筹建一个公共空间，设立图书室，让村里的外来务工子女可以前来借阅图书，为外地务工人员提供一个开放、温暖的活动空间。

（A海）

05 行摄湘西大山孩子的求学之旅

阿业

「2019年起，麦客中心推出睡前栏目——麦友故事汇，定期邀请不同职业的麦友，听听他们的职业、个人生活与麦田之间的相互影响。

睡前听一个故事，了解更可爱的麦田人。

本次主题是麦田里的青年，明天是五四青年节，我们邀请了湘西团队高校组的阿业，来给大家分享他在湘西大山里的行摄故事。」

阿业，吉首大学林产化工专业在读研究生，湘西自治州摄影家协会会员，摄影作品曾多次在省级比赛中获奖，并在展览中展出。2013年加入湘西团队吉首大学高校组，主要负责活动影像记录。

（Q：麦小妞；A：阿业）

Q：为什么会加入麦田？

A：最初加入麦田，我是带着私心的。因为我的女神殷沙漫在麦田。刚开始在校园里我们并没有什么交集，只听说她经常会参加麦田的活动。于是从那时起，我便开始参加麦田的活动，希望有一天，两条平行的线能有所交集。如今我们一起行走在公益的路上，她负责给湘西山区的孩子上课，我负责拍照记录。

Q：是什么让你开始接触公益摄影的呢？

A：记得有一次随学校的老师到学生家里进行家访，记录他们的家庭情况，希望能帮他们找到资助人。这里很多孩子上学要走一个多小时的山路才到公交站点，再从站点搭乘公交去学校上课。站点每天只有两趟城乡巴士，每趟巴士上几乎都挤满了人，甚至还有人扶着车内的杆子，而半个身子露在车门外。但孩子们依然乐观向上。我感受到孩子们求学之路的漫长与艰难，以及他们对美好生活的渴望，这深深地触动了我。因此我想用镜头去记录他们的生活环境，记录他们对知识的渴望，对生活的热爱，希望由此能让更多的人关注他们，帮助他们和理解他们。

Q：公益摄影和其他公益方式有什么区别吗？

A：当年解海龙老师拍的那张大眼睛女孩照片，让无数人感动并参与到公益行动中来，因此改变了无数孩子的命运，也深深地影响到我。那时我才明白，原来我手中这个沉甸甸的家伙，也可以帮助到孩子们。目前很多人做公益，大多都是支教或捐资捐物，而拍摄记录，好像比较少。但我觉得，无论活动大小，把所做的事情通过照片定格下来并传播出去，让更多人通过我们的记录和传播而关注他们是非常重要的。只有人们看到了真实的影像资料才会想去了解他们，之后才有进一步的行动。

同时，我本身就对摄影充满热爱，对我来说，拍照是用一种他们的角度来记录他们的方式。相机是我联结孩子们的桥梁，镜头让他们充满无限的好奇与渴望。我们还在学校开展了摄影课，教孩子们拍照，让孩子们自己触摸相机，熟悉镜头，定格画面。孩子们在取景器里看到自己的一举一动，被自己的小手咔嚓地记录下来，然后围在一起看镜头里的自己，黝黑健康的肤色、洁白的牙齿、清澈的眼眸、搞怪的表情。现在只要我一拿起相机他们就会围着我，我也时常和他们打成一片，成为孩子王。这件事无论对于孩子还是我，都是意义非凡的。

知识新窗第二课堂的第一节课

Q：在公益经历中，印象最深刻的事情是什么?

A：回想起过去的点滴，有两件事情让我印象特别深刻。

第一件是有一次我和沙漫随村小老师去孩子家里走访，同行的还有要走访的孩子，孩子的家在大山深处，平时走路要2个多小时才能到家。而我们去的那天刚好下了很大的雨，山路泥泞难行，一不小心就会打滑摔倒。下午3点出发，一路上，我和沙漫都穿着布鞋，每走一步都小心翼翼的，泥水浸没了鞋身，鞋跟带起的泥点溅到了裤腿上，老师和孩子们都穿着筒筒鞋，轻快地走在泥路上，时不时回头看看像旱鸭子过河的我们。这条路对于孩子们来说，只是一条普通的回家路，每天不断地重复着走过，他们洋溢出的天真、活泼，也感染了我，我也需要怀揣这份天真去发现生活中的小确幸。

转过一个又一个弯坡，天开始黑了，不远处传来几声鸡鸣，灯火稀疏，孩子们的家到了，破旧木屋房，通电的寥寥无几。走访的第一个孩子家里没有通电，全家人蹲坐在一个快熄灭的火堆旁，风在木板的缝隙里打转，我和沙漫打开手机灯，一边跟孩子的家长聊天，一边记录孩子的信息，拍了昏暗灯光下的孩子一家的合影。离开孩子家已经是晚上七点多了，雨开始慢慢大了，我们要折回老师家求宿。

我们一行三人，靠着微弱的灯光，行走在山路间。没有任何信号，没有灯火阑珊，只有雨滴落在雨伞上的声音。我们三人一步一个脚印慢慢地走，老师时不时冲我们微笑，把他手上的灯光移到我们前面，他说我们辛苦了，他问我们来自哪里，他称呼我们为老师，给我们讲述他自己的故事。他一脸慈祥，笑起来额头偷偷露出皱纹，微微佝偻着身体，脚上的筒筒鞋已经沾满了泥水，那件衣角沾满黄泥的大衣，像坚硬的盔甲，爬满皱纹的手托起随山风摇曳的破旧雨伞，只是那么简简单单的一个人，一个60岁的老人，每天走2个多小时山路去给孩子们上课。

回去的路比上来的路难走，从七点多一直走到了将近九点，才到老师家。在老师家开始吃当天的第一顿饭，师母一直往我们碗里夹肉。第二天早晨，我们走访完最后一个孩子，就和老师一起回学校。每天重复着昨天走过的路，日复一日，年复一年，也许对于老师来说，这些孩子是他内心温暖的寄托吧。

第二件是2017年我和沙漫一起发起《给留守大山的孩子拍全家福》的活动，希望为大山里的留守老人、孩子与他们外出打工回来过年的家人拍张全家福，定格一家人团聚的喜悦。

一家人在即将拆去的旧房子前其乐融融

记得在第一次拍摄走访时，我们到松柏潭的一个学生家里，父亲挽着姐弟俩在门口留下了合影，拍完后父亲有些犹豫。经过沟通，我们才知道奶奶生病卧床不起，知道我们来拍全家福也很想一起拍一张合影。后来我们在奶奶的床前又拍了一张全家福，奶奶在床上笑得合不拢嘴，相信这张全家福对于他们来说是弥足珍贵的。

目前全家福活动已经开展了两期，得到了家人和朋友的大力支持，为大山里的老人、孩子送去了近200幅全家福相片。记得全家福第二期的募集帖发出后，不到半个小时就完成了120幅全家福的款项募集，这也让我们更有信心去做这个活动。往后，在条件允许的情况下，我们会继续把全家福这个活动做下去，去为更多大山里的家庭服务。

一家人与瘫痪卧床的奶奶合拍的一张全家福

Q：你的学校、家庭、个人生活，与你参与公益活动有冲突吗？

A：在一定程度上是有的。我是林产化工专业的研究生，经常需要上课和做实验，在时间和精力安排上经常和课余活动有冲突；目前我是一名学生，还没有经济收入，无法为孩子带去物质上的帮助；同时还存在家人和老师担心我身体吃不消而耽搁学业，认为我应该在学业上多花时间的价值观冲突。

作为大学生的我也许力量很渺小，能做的不多，没办法即时改变他们艰难的生活环境，但我能在他们最美好的童年时光里，为他们带来外面的知识、大哥哥大姐姐的关爱和陪伴，我觉得这样也是很有意义的。

（阿业）

06 沿着父亲走过的足迹，长大后我就成了你

「本期的主题是麦田里的教师故事，我们邀请了湘西团队的无非，来给大家分享她与三尺讲台结下的情缘：不忘初心，四季耕耘。

杨丽萍，苗族，湘西州吉首市谷韵民小英语教师、心理辅导老师，吉首市团委兼职副书记，吉首市乡村教师心理工作坊管理员。

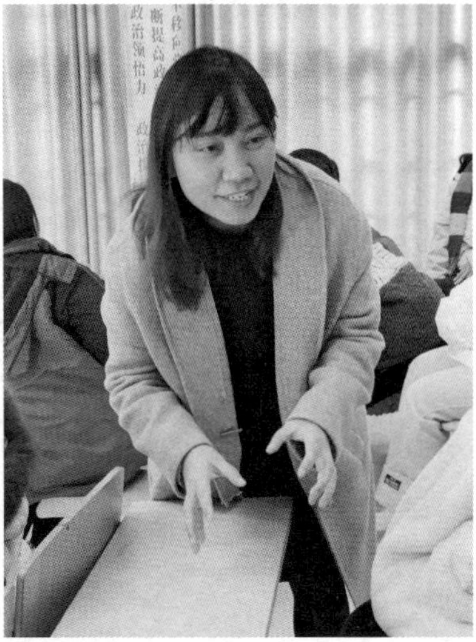

杨丽萍，麦田ID：无非

2010年加入麦田至今，担任湘西团队助学组负责人、湘西团队召集人、行政部部长，于2014年撰文《国旗下，谁圆这些乡村孩子的校服梦》发起圆梦校服项目。

曾被评为吉首市优秀人民教师，吉首市小学英语教学能手。」

在讲我自己的故事之前，我想先跟大家讲讲我的父亲。

我小的时候，他不仅是我的父亲，还是我的小学老师。我们家坐落在芦溪解放岩一个叫大平的小村落里，家对面就是由几间破旧教室组建而成的村小，我在这个村小里度过了我的童年，而父亲是村小里仅有的两个老师之一。那时候父亲给我们一年级上完课又赶着给旁边三年级的哥哥姐姐上课，除了教所有的文化课外还得照顾好所有学生的日常生活，这让我觉得父亲不是我一个人的父亲，而我的父爱也被这个学校里的孩子瓜分着。

后来，父亲被调到寨阳小学教书，因为寨阳小学长期以来缺少音乐老师，父亲便通过音乐培训和自学获得了音乐教师资格，在寨

无非的父亲在给孩子上课

阳小学做了专职的音乐老师，这一待，就是27年。期间多次放弃了进城教书的机会，只因放不下山区的这些孩子。

而每年一到吉首市三独比赛的前一天，父亲就会把参加三独比赛的孩子都带到家里来小住，因为这些孩子都住在偏远的苗区，离市区很远，而比赛当天要很早就起来收拾化妆，所以我们家自然而然地在每年的这个时候成了这些孩子们的家。每次他们过来，我母亲都会帮他们放水洗头洗澡、吹头发，给他们做各种家常好吃的。虽然每年他们在我家的日子只有短短的几天，但我能感受到他们的快乐和对音乐的喜爱。

其中有个叫小萍的姑娘，因苗鼓打得好，苗歌唱得也好，被州艺校破格录取了，但她家里条件非常差，她父亲患肺癌需常年吃药打针，全家每月靠她体弱多病的母亲做清洁工那1 000多元钱的微薄收入维持着。这样的家庭情况，她要到州艺校进行为期五年的深造学习简直是天方夜谭。可是父亲作为她的音乐教师不忍心看着这么一位热爱音乐、热爱艺术的学生失去这个机会，他暗下决心，一定要帮助这个孩子。为了他的学生，他第一次四处奔波，帮忙筹集学费。当时我刚好加入了当地的一个爱心协会，最终我和父亲一起，帮小萍找到了资助人，让小萍顺利地入读州艺校。5年过去了，她顺利地从州艺校毕业并被招到海南印象歌舞团工作。

那时候，二十岁的我从父亲身上看到，老师的真诚付出是可以改变学生的命运的。父亲为山里孩子开辟了一条通往艺术殿堂的道路，使山里的孩子也可以接受艺术教育。孩子们参加吉首市的三独比赛，连续15年都获得全市农村小学组团队总分第一名，他个人也连续15年获得优秀指导奖。

父亲和我

在我结婚生子之前，我常常在想，虽然我的父亲是音乐老师，他的学生基本能歌能舞，十八般武艺样样精通，而我至今五音不全，就连现在打得很不错的苗鼓，也是外婆闲时教的。虽然我的父亲钢笔、毛笔字都写得不错，不管是学校还是当地乡镇，需要写标语横幅之类的都会第一时间想到他，而他却从来没有时间认真教我写字。直到我的女儿出生，我在思考以后应该要把女儿培养成一个什么样的人时，我才明白，父亲一直在用他执着教育、乐于奉献、爱生如子的教育精神指引着我的人生方向，从考上师院到走进民小教书的这十八年，似乎都沿着他的轨迹在走。

很多年前，我以为当老师就是上好每一节课，但自从我认识了麦田，并加入麦田后，这个想法就被我推翻了。还记得2014年暑假，当基金会提出深度助学以后，我和湘西团队的一线走访小分队从吉首市到花垣县、凤凰县走访了十几个完小村小，我们希望通过走访留守儿童、家长、老师来做真正切合山区孩子需求的深度助学项目。

还记得我们走进完小的时候，孩子们都会簇拥过来和我们聊聊天，“老师，你们是爱心人士吗？如果爱心人士可以给我们捐赠校服就好了，我们也想像城里的小孩一样穿校服”“是的是的，在升旗的时候也要穿校服，校服上如果有我们学校的名字就更好了，我们可以穿着它去市里参加比赛，那肯定是很光荣的”等；当我们走进村小的时候，则会听到“老师，城里孩子的父母也要出去打工吗？”“老师，你可以来给我们上美术课、体育课吗？”等。这些都刺痛着我们的神经。

在乡村走访留守儿童

我印象最深的是走在凤凰米粮苗寨的路上，有个小姑娘，拉着她的弟弟妹妹走在回家的路上，我用苗语和她聊了几句，她便把我们带到了她们家去歇脚。破旧的小茅屋里，她娴熟地打水，然后开始烧火做饭，而我很想帮着做点什么，又不知从何下手，只能在边上陪她聊聊天。那天我们聊了很多。她说："老师，有时候我带着弟弟妹妹上学好累啊，但是妈妈身体又不好，爸爸又要打工，我成绩老是跟不上，做什么事都做不好，我好像天生就是一个多余的人呢！"这些话深深地刺痛了我。临走的时候，她给我塞了张小纸条，上面写着："谢谢老师今天陪我说话，做您的学生肯定很幸福吧。"原来小姑娘只是想有个可以陪她说说心里话的人。你看啊，山里的孩子们，只要一点点的关心，他们就可以开心很久。在这些年的走访路上，你要是问我山那边的孩子需要的是什么？我可以肯定地告诉你：是平等、自信、陪伴和关爱。

很感谢麦田这个公益平台，它让我有很多机会在助学走访路上，走进我们湘西的乡村学校，融入乡村孩子的日常，感受到山里孩子内心真正的渴求，满足他们的愿望是一种融入情感的深度公益。

在麦田的这些经历，让我回头看我自己的孩子和我的学生，他们内心的渴求不也是如此吗？我开始思考课本教学之外，对于我的学生，我还可以做些什么？

在过去十多年的教育工作中，除了教书育人，就是与各种性格、各种职业、来自城市或农村的家长沟通，从每位父母的言谈中，有两个问题让我感触特别深刻：老师，我的孩子的成绩为什么总是那么差？我的孩子为什么总是没有班长优秀？可以深刻地感受到，他们对自己的孩子都是充满期望的，可大部分的父母除了不停地要求自己的孩子按照别人家孩子的标准去做，却没想过，自己该如何做？

其实，每一个孩子刚出生的时候都是一张白纸，对于这张白纸最重要的启蒙画师就是父母，成长环境、父母的性格、言行举止对孩子的影响都是终身的，也就是说，每一个孩子都会被自己的父母潜移默化地影响着，每个孩子的成长过程都会带有父母的影子，父母在孩子成长过程中既是引导者也是榜样者。

我开始投入一些时间和精力去关注班上的孩子，尝试和孩子谈谈心，聆听他们的心声，了解他们的精神世界。最先关注到的孩子是小琴，小琴从一年级开始就没说过话，而别人和她说话的时候，她的头会越来越低，低到趴在桌上也不回应你一句。后来我才了解到，自从她父母离异后，她跟爷爷奶奶一起生活，就再也不开口说话了，爷爷奶奶开始也没注意到，觉得她只是内向，不爱说话。后来发现不对劲了也没办法改变，便听之任之了。她考试永远都是个位数，对任何人都不理不睬，班上其他孩子也总是当没她这个人。

但我发现每当我和她眼神对视的时候，她会羞涩地笑一下然后再低头，于是我每天遇到她，都会给她一个微笑，并鼓励她“你笑起来很好看，要多笑笑哦”。有时也会在下课的时候静静地坐在她身边看着她做自己的事情。还安排了班上最有爱心的小女孩做她的小师傅，耐心地辅导、陪伴她。神奇的是一年后，她其他科目的成绩还是个位数，而我教的学科她可以考到六十分左右。就这样我们走了四年，她也从一年级升入了五年级，我和她的小师傅也坚持不懈地陪伴了她四年，或者说，我们对着她自言自语了四年，都没听见她说过一句完整的话，所有人都不知道她的声音是什么样的。

第四年的某个早上，我背后传来了一句微弱的问候："杨老师，早上好！"回头一看，只有小琴站在我身后。我习惯性地对她一笑，继续找那个跟我问候的学生。"杨老师，早上好！"这响亮的声音确实是从小琴的嘴里发出来的，我激动极了，我想冲过去抱她，但我克制住了。"小琴早呀，你今天一个人来上学吗？"她说："是的，我爸出差了。"这是我四年来第一次听到她的声音，很甜、很清脆，然后我掉泪了，我迫不及待地把这个消息分享给她的其他老师，他们都觉得我太幸运了。但只有我知道，这不仅是幸运，而是我相信真诚的付出会收获满满的爱。

那以后，我开始读很多心理学的书，对于走访的孩子、我的学生还有我的女儿，我都会花更多时间和精力去关注他们内心的渴求，物质只是基础，精神上的关注和陪伴才是最宝贵的。

在乡村和孩子们上课互动

这些年和孩子们在一起，我深深感受到雅斯贝尔斯说的“教育意味着一棵树动摇另一棵树，一朵云推动另一朵云，一个灵魂唤醒另一个灵魂”这段话的含义。的确，用心感受孩子们的内心一定会得到孩子们爱的回应。所以不管是为人父母还是作为一名人民教师，不管是对自己的孩子还是对山里的孩子，我们是否应该思考，我们给予的，是否是孩子们内心所渴求的？愿所有父母都能给予自己孩子更多的内心关注，愿所有的公益助学都能真正关注受助孩子的内心需求。

（无非）

07 在麦田 8 年，我走过了 30 多个团队

「麦小妞今天将为大家展示天津团队志愿者翌女郎的故事，相信你也能从中看到天津团队的发展。郎哥说："走访过两三百个家庭以后，各式各样的家庭都见识过了，也不觉得有什么。"麦小妞相信，正是这些经历，让郎哥心里变得柔软，每天都在为孩子做一点事，坚持不懈地在公益路上践行。"虽然我的力量很渺小，但是只要能帮助一个孩子，我也要尽百分之百的努力。"」

5·12对我的震撼

最早接触助学还是在2004年，在那个寒冷的冬日周末，天空飘着雪花，一大早妻子跟我说："今天跟我去参加个活动吧。"我问是什么活动？她说你去了就知道了。就这样，早上不到九点，我们一家三口就去到了当地的民政局二楼会议厅。

进屋落座后看见，主席台上方悬挂着一条红色横幅"大港地区贫困学生社会爱心捐赠仪式"（是不是这些字记不清了，大概是这个意思）。会上主持人介绍了这些孩子的家庭情况，还有部分孩子的班

主任介绍了孩子们在学校的一些情况，有爱心人士捐赠了图书、文具等物品。之后主持人呼吁大伙捐款帮助这些孩子完成学业，大伙开始议论起来，你捐一百，他捐两百。这时妻子跟我商量，咱们认捐一个孩子吧，一年也就几百元钱。我一想，一年几百也不多，就同意了，之后也没在意这件事。

时间一天天过去，转眼到了2008年，5·12汶川大地震，电视、广播、报刊等媒体铺天盖地都是关于救灾的报道。每天我一有时间就关注救灾进度、损失情况、死亡和失踪人员数量，这期间最让我震撼的是全国各地的民间公益组织汇聚到汶川参与救灾，尤其是唐山那七个农民开着农用三轮车一路跋山涉水地赶到四川救灾的场景实在让人感动。也是那个时候我才真正地开始关注公益，看到社会上形形色色的爱心人士，留意到那些可爱的志愿者，那时候我多么希望自己也能成为他们中的一员。

机缘巧合，就在2008年底的时候，我在QQ空间里看到了一篇关于山区助学的文章，文章的底部附有一个公益组织的QQ群号，我当即加入了这个民间助学组织A组织。

当时国家对民间组织的监管还是很松散的，每年都会有很多组织成立，也会有很多组织因为这样那样的原因而解散、消亡。A组织虽然没有解散，但内部存在的一些问题也逐渐让我失去了原有的热情，这里不是我理想的地方。虽然有些失望，但还是结交了很多全国各地的志愿者和爱心人士，他们给予了我很多的支持和帮助，也给了我继续坚持助学的动力。

初识麦田

人有时候真奇怪，公益热情这道闸门一旦打开就很难收住，虽然在A组织郁郁不得志，之后不久，经人介绍我又加入了另一个助学组织湖南叮当网络助学，没多久又加入了湖南溆浦志愿者协会。到现在，我还是这两家组织的名誉会员。

有了第一次加入公益组织的经验，我对任何组织都存有一定疑虑，我们捐款、捐物、辛苦付出，别到头来真正需要帮助的孩子没有获得帮助，反倒让某些人名利双收。基于这样的疑虑，我悄悄地问叮当网络助学的发起人叮当猫，我可不可以去湖南看看孩子？没想到叮当猫爽快地答应了，这让我欣喜异常，当即跟他商定春节假期我过去看望孩子们。

正月初一我如约飞到长沙，初二一早由长沙的志愿者申姐带领，乘坐三个多小时长途大巴到达叮当猫所在的学校——湘乡市金石镇八一中学。叮当猫带领我们走访了六个贫困家庭，正所谓幸福的家庭皆相似，不幸的家庭各有不同。走访到倒数第二个家庭时，天色有些暗了，车开到没有路，孩子家还在半山腰，只得弃车步行，远远地看到孩子和奶奶迎下山来。

在孩子家里看到的一幕真让人心酸：家徒四壁，没有一件像样的家具，用砖头搭上木板，铺上稻草就是床了，有门框没有门板，窗户是用塑料布和化肥袋子糊上的，屋顶的瓦片破损，脱落严重，躺在床上可以直接看天上的繁星。孩子的母亲尿毒症晚期，医院已经不接收了，家里只得用最便宜的药物维持她的生命，墙角堆满了输液瓶子……

这次走访让人印象深刻，我感到助学的道路任重而道远，但同时一个非常现实的问题摆在我面前：一次5 000多元的走访支出让我无法承受（当时我每月收入1 700元左右），我要找到更合适的参与助学的方式，就近助学。

在接下来的几个月里，我通过各种方式寻找合适的公益组织，前后加入了三十几个助学组织，却没有一个合适的。功夫不负有心人，在一个公益群聊天的时候，一个叫凯瑟琳的女孩加了我，跟我说麦田计划是个非常不错的组织，正好天津有地方执行团队，能够满足我的需求，通过她的介绍，我顺利加入了麦田。

2011年的三件事

2011年3月份，终于迎来了加入麦田后的第一次活动——我有机会参与“公益中国年度颁奖大典”的现场录制。麦田作为最佳民间公益组织、最佳社会责任奖的获得者，受邀参加晚会的录制。我们天津的9位小伙伴和全国各地赶来的其他麦友有幸作为啦啦队参与现场的录制，并上台表演“小小的梦想”手语节目。

那次活动给我留下了太多的印象，认识了很多全国各地可爱的麦友，也对麦田有了更多的了解，尤其是获得如此高的荣誉，让我感到无比自豪，回到天津后很长一段时间我都还沉浸在这种自豪中。

慢慢地，问题又出现了，我等待的，能够就近参加的活动迟迟没有出现。当我问起的时候，彩虹姐跟我说由于天津团队大学生志愿者居多，社会资源较少，很难联系到适合举办图片展的场地。我就跟她说：“如果我能够联系到场地，就可以举办图片展了吗？”她说：“那当然，只要你能联系到场地，其他的我来安排就好。”没想到就这么简单，转天我就跟彩虹姐说：“在大港世纪广场做图片展可以吧？时间随你定。”

就这样，在2011年5月15日，天津大港地区第一次图片展就诞生了。

说这次活动难忘，不是因为图片展有多么的精彩，而是这次图片展对天津团队之后的发展起到了深远的影响，正是这次图片展之后，天津团队开始快速发展。

转眼到了6月份，麦田的生日，我作为天津团队的唯一代表参加了那年在昆明举办的六周年年会。年会让我大开眼界，只要是穿着橙色的麦服，大家就像是一家人，自来熟的麦田人没有让我感觉到一丝的不舒服。

那次，我还代表天津团队参加了召集人会议。这次召集人会议是我自加入麦田以来最糗的一次表现，糗到无地自容，恨不得找个地缝钻进去。

会议中有一个团队介绍环节，需要我上台介绍天津团队这几年的发展经历。虽然之前做了很多功课，团队也专门制作了PPT，但看到其他召集人从容自若、如数家珍地讲述自己团队的发展过程，天生腼腆不自信的我这时更加不自信了。

轮到我上台的时候，心怦怦地跳个不停，头上的汗不断地往下流，之前做了一个多月的功课这时候不知道都溜到哪儿去了，脑袋一片空白，PPT只讲了两页就讲不下去了，极其狼狈地溜到台下去，谁也不敢看，直到整个召集人会议结束脸还发着烧。

用半年“泡”论坛

作为一个麦田新人，六周年虽然糗事不断，但是收获还是蛮多的，深入的接触让我从各地志愿者身上汲取营养，使得我对麦田有了全新的认识，麦田的公益理念、原则、底线、愿景以及口号都深深地吸引着我，这大概就是人们常说的中了麦田的毒，而且一发不可收。

六周年之后我逐渐融入管理团队中，积极组织策划参与各项活动，并在当年11月份成为召集人。连续几次城市图片展，志愿者多了，资源也多了，队伍活跃了，团队也壮大了，但随之而来问题也出现了。

很多时候，很多活动，尤其是与外界合作的活动我们不知道能不能做，不知道是否违反麦田的规定，在给人介绍麦田的时候不知道是否准确，组织活动全凭一股热情，当别人问到敏感问题的时候不知道该如何回答。

有问题不怕，解决问题就好了，层出不穷的问题不可能一一找人给解答，那么我就在论坛找答案。每天晚上吃完饭我就坐在电脑前看论坛，主要看麦田公告板块，看麦田计划新手指南，看麦田计划制度规定，看麦田计划财务规定，看麦田公告板块的所有帖子，遇到热帖所有评论也都浏览一遍。就这样，大概半年左右的时间，麦田公告板块被我看了一个遍。

也是这半年多时间，让我自身对麦田的理解有了脱胎换骨的变化，再也不是那个被人问住的召集人，知道了如何管理地方团队，组织策划活动遵循哪些原则，与外界合作不能触犯哪些底线，新人引导要怎么做，等等。

走出去，请进来

2012年，麦田七周年在厦门举办，上午十一点多我到达入住酒店，简单吃口午饭与麦友相约游览鼓浪屿，六点多吃完晚饭返回酒店，被一波准备外出觅食的麦友拦下继续吃第二顿，回来的时候又被另一波外出的麦友拦下吃第三顿，那一晚上在外边吃了五顿，最后返回酒店已是半夜两点多。可就是这五顿饭我学到的东西可能比我半年学到的都多。

很多人都是各地麦田团队的管理层，坐在一起的话题永远离不开麦田：我这边遇到什么问题，你们遇到这样的问题可以怎么解决；你们新人维护做得非常到位，给介绍下经验吧；你们是老牌走访团队了，我问问你，遇到某某问题你们是怎么处理的；我们最近人事方面遇到了一些麻烦，你们有没有什么好的建议给我……你只需带着耳朵去听，学不到东西都难。

正是带着这些收获，在回来的分享会上我就跟小伙伴们说，一定要走出去，走出去才能开阔眼界，走出去才能发现自身存在哪些方面的不足，走出去才能更加深入地理解公益。

接下来的几年，天津团队的小伙伴们开始活跃在全国各地的麦田活动中，麦田八周年到十三周年，天津的小伙伴都会组团参加，四川大凉山、云南武定、湖南古丈都留下了天津麦友走访的足迹。

这些年，我去得最多的是北京团队。石家庄、东营、德州、聊城、青岛、盐城、泰州、扬中、扬州、上海、南京、杭州、宁波、厦门、汕头、东莞、深圳、广州、海口、百色、昆明、大理、大凉山、成都、长沙、武汉、合肥、南昌、吉安、吉水，我都去过。

这些年不间断地走出去，天津的志愿者自身能力固然提升了很多，但是打铁还需自身硬，团队自身要发展，离不开功能不同的各项培训以及团队建设。2011年开始，我们有意识地邀请麦田里的大咖来天津给我们做培训，像莫凡、种子、北北，形式多样，如报告会、团队建设、工作坊，等等。“走出去，请进来”给天津团队带来了可喜的变化，我们的综合能力不断提升，为开辟易县资助点奠定了坚实的基础。

易县，天津麦友牵挂的地方

随着2011年到2012年的蓬勃发展，天津团队无论是从五人小组配置，还是组织架构，包括志愿者的热情都达到了空前的高度，普通的图片展、培训会、报告会已经无法满足志愿者的需求了，资助点的建立很自然就被提上了议程。万万没想到，第一次对资助点的踩点调研就不是很顺利。

2012年12月上旬的一个周末，我们一行五人前往河北易县塘湖中心小学踩点调研，一切计划妥当，预计中午十一点半左右抵达塘湖中心小学。没想到起了大雾，所有高速关闭。因后边的几个周末都有活动安排了，调研时间无法后延，如果后延的话只能延期到过年以后了。管理小组决定，继续出发，不管多晚，只要能安全到达塘湖中心小学就行。

早上七点从天津出发，一路上遭遇霸州堵车、定县迷路，当时还没有手机导航，车载导航还不如没有，我们靠地图找路，靠跟老乡问路，下午三点半，才跌跌撞撞地抵达塘湖镇。

塘湖中心小学付曾新总校长和任小彬主任向我们介绍了塘湖中心小学、界安中心小学以及八所村小的教育教学情况、学校设施和需求情况、贫困学生情况，以及其他组织在本地区开展活动等情况。

调研回来以后，我们根据当地学校情况和天津团队的资源，制定了一对一助学、第二课堂、物资支持三管齐下的助学模式，在当月下旬就向塘湖中心小学发出第一批助学物资——400套课桌椅，八所村小图书角所需的图书及部分其他物资。几年间，单是课桌椅，天津团队就为当地学校更换了两千多套。

我们也欣喜地发现，像我们支持的孔山小学，通过麦田的进入，学校老师掌握到了新的教学理念，如今能够自己给孩子上美术课，也能利用网络进行教学。我们感受到了学校在各个方面呈现出来的活力。

当公益融入生活

不知是什么原因，我好像对一对一助学情有独钟，从开始接触助学，到八年的麦田经历，一直没离开过一对一。从寻找适合自己的组织，到担任天津团队召集人，乃至现在担任一对一项目走访资料审核组组长，这么多年一直没有离开过走访。当然了，最初的几次走访只是参与，俗称打酱油。真到自己组织走访的时候才发觉走访远不是那么简单的事情。

我必须积累经验，提高能力，而要快速达成这个目标只有加入助学部的审核组。因为我知道，审核员都是有着丰富走访经验的志愿者，跟他们在一起学肯定快。于是，我申请加入了走访资料审核小组。

加入审核组后先从预审开始，然后才接初审，再到复审。这期间，遇到不明白拿不准的情况以及自己走访中遇到的问题都请教其他志愿者，一来二去学到的知识越来越多，经验也越来越丰富，我就把这些经验运用到我的走访和培训中去。

记得当时我对报名参加走访的志愿者提出了强制性要求，凡是报名参加走访的志愿者必须参加走访前的线下走访培训，不管任何原因无法参加培训的自动取消本次走访资格。这条规定听起来有些不近人情，但正是这条规定为天津团队打造了一支有着丰富走访经验的志愿者队伍，很多志愿者至今还活跃在走访第一线。

加入麦田八年时间了，很多人因为我加入了这个有朝气、脚踏实地为山区孩子的教育不断付出的组织而受到鼓舞，也有不少人提出质疑，说你这都是为了啥，图名，还是图利，啥都没有你累不累。说实话，也有累的时候，也想歇一歇，可是，两天不想麦田的事情就总感觉缺少了什么，有什么事情还没干，仔细想想，是牵挂那些孩子了。

铁打的麦田，流水的志愿者，志愿者进进出出很正常，累了就歇段时间，放不下歇够了再回来。可真到歇着了，又浑身不自在。麦田，公益已经融入了我的生活，像吃饭、睡觉、工作、学习一样，是生活中的一部分，分不清也撇不开。

有人说你中麦毒太深了，有时候也不完全认同，自己选择的生活方式，并且乐在其中，干吗说人家中麦毒太深了，这个毒是我乐意的，哈哈！

（翟女郎）

08 你守护生命，我守护你

「2020年开端的一场新型冠状病毒肺炎疫情，让无数人被迫宅家。而有这么一群人，逆行而上，你守护生命，我们守护你。

今天我们给大家带来十堰团队志愿者唯一的抗疫故事，本文由唯一的女儿陈佩筝讲述，麦小妞整理编辑。」

目前国内的疫情形势显著好转，复工复产逐步推进。妈妈也开

唯一，2015年加入麦田，十堰团队志愿者，就职于东风汽车有限公司刃量具厂，从事现场管理方面的工作

始了网上办公，并等待公司返岗复工的批准。

之所以要得到公司同意才能复工，是因为疫情爆发后，麦田紧急成立了抗疫应急小组，主要人员包括麦田创始人莫凡、秘书长种子和几位湖北及苏州的麦田志愿者，妈妈也是其中的一员。

抗疫期间，妈妈除了进行后勤物资募集、统筹调配外，也参与前线现场的需求调查和物资发放工作，经常奔走在医院、社区等抗疫一线。也因此，妈妈比其他人更能理解医院紧缺医护物资的痛，这驱使她不知疲惫地去为前线争取更多的物资，哪怕只是一个口罩。

妈妈的决定

2020年1月25日，继武汉封城后，十堰也开始封城。随着确诊人数的暴增，十堰抗疫一线物资紧缺的现象越来越严重。而那段时间，因为姥爷患有肾病，妈妈每周都要陪姥爷去医院做透析，而医院又刚好是新型冠状病毒性肺炎定点救治医院，妈妈亲眼看到抗疫一线医护人员在无隔离衣和无护目镜等防护物资的情况下，冒着被感染的风险奋战在前线。这让她感到心酸。

这个时候，全国物资都集中送往武汉，十堰市的医护人员面临极大的困难和极高的感染风险，妈妈有几位好朋友都是医护人员，作为前线医护人员的他们却急缺防护装备，这让妈妈更加担心。

于是，妈妈开始通过公益圈的朋友，四处寻找抗疫物资。与此同时，得知麦田也启动了为湖北筹集抗疫物资的行动，组建了抗疫临时应急小组，便加入小组，与麦田的伙伴一起进行全球筹集物资，为十堰地区医院及相关抗疫单位对接资源、发放物资。

从加入麦田抗疫应急小组那天起，妈妈不是在发放救援物资的前线东奔西走，就是每天抱着手机在寻找、联系物资资源。为了不

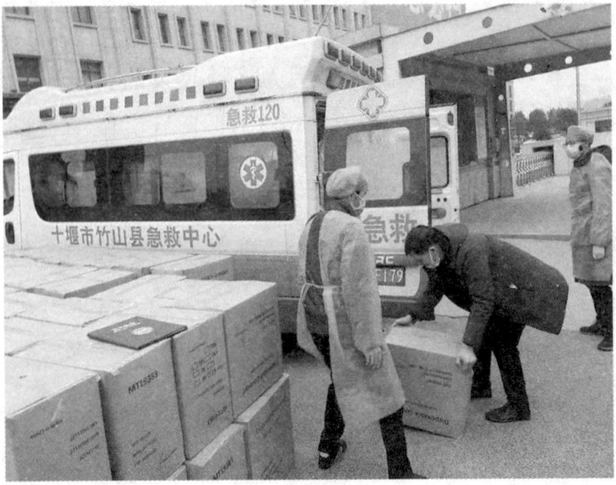

分发工作：各地前来搬运急救物资

打扰家人休息，她一个人抱着笔记本窝在没有暖气的阳台，打电话、做汇总、联系前线人员，经常一坐就是一整个晚上。我每次透过客厅的玻璃门，看着她不时晃动脖子的背影充满了疲惫，却还在坚持着。

有一次，妈妈通过各种渠道终于争取到4 000套防护服，但由于交通处于管制状态，无法运回十堰，妈妈很是心急。经过多方的努力，物资终于可以运回十堰了。为了保证物资安全运回，妈妈一直在沟通协调各个卡点的人员，直到凌晨4点，确认负责押车的志愿者终于平安抵达十堰，紧接着马上安排分装和发放后，妈妈悬着的心才稍稍放下。

5天发放了45家医院、社区等单位的抗疫物资

当通过压缩自己的睡觉时间也无法及时完成工作时，妈妈就会拉上我，让我帮忙制表格、录数据。和妈妈一起熬夜的晚上，她在联系各个捐赠渠道，我在她身边填写各个医院、卫生所、小区物业、救援组织的物资申请统计表。汇总表格上密密麻麻且庞杂的统计信息看得我都快要掉眼泪了。这时我才知道医院的防护物资缺口那么大，一线抗疫人员的处境那么危险，才明白妈妈为什么要那么拼命地去寻找抗疫物资。也看到这些时日妈妈和麦田志愿者努力的成果，短短5天，妈妈所在的十堰团队就对接完成了央视英雄公益基金的7.5吨84消毒液的捐赠发放；解决了十堰市、郧阳、竹山、郧西各医院，居民区物业，救援组织等30家一线抗疫单位的需求；同时还确保了麦田志愿者捐赠的5万双手套，及时快速地交付到十堰45家医院、物业和公安等单位；顺利从武汉接收并运回北京春苗基金捐赠的60台制氧机，当天发放给11家医院，立即被投放到病房内治疗现场使用。

然而，我只做了两天就觉得头晕眼花、腰酸背痛。而妈妈白天要奔波于各个对接医院、社区、卫生院，确保物资的准确分发与送达；

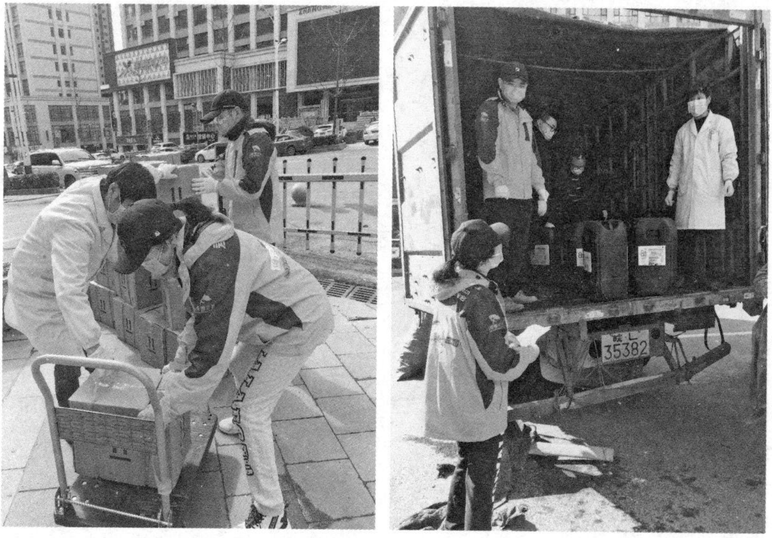

84消毒液、酒精的接收和发放

晚上回家还要对着手机电脑联系各方人员，整理大量资料，哪怕握手机的手指已经抽筋，疼得让我帮她暖手，她的另一只手也没闲下来，还在操作鼠标。我无法想象她这么长的时间是如何坚持下来的。

妈妈对我的影响

有时候我也会埋怨妈妈，为什么疫情这么严重还老是往外跑。有一次我实在忍不住了，问她："为什么要这么拼命地去抢这些救援物资呢？"妈妈说，医院每天都会接收很多确诊新型冠状病毒肺炎感染的人，而医护人员为了节约防护服，近8小时的高强度工作，却连水都不敢喝一口，厕所都不能上。这让她感到很揪心，也让她感到害怕，怕她和姥爷被感染，怕给家里带来不幸。她又很严肃地反问我："医护人员不怕吗？他们也是普通人，面对突发的疫情，他们没有医用口罩、护目镜、防护服，他们的处境比我们更危险，心中更恐惧。"她一股脑跟我说了好多，生怕我不理解。

与妈妈一起工作后，我才真切地体会到，妈妈在用她的言行引导着我，让我感受到志愿服务中的那份温暖与甘甜，是多么的独一无二。让我知道，原来我也可以为我想守护的人尽己所能。我也可以像她一样用自己心中的星星火焰，点燃希望，给人温暖。

医护人员就像我们与病毒之间的一道屏障，他们在努力地让病毒远离我们，若是连医护人员都倒下了，我们的屏障就破裂了，那我们该怎么办呢？我们又会怎么样呢？我想，这也许就是妈妈努力争取保护那些前线防控和医护人员的原因吧！她也是在保护着我们每一个人啊！

麦田速度

慢慢地，好消息一个接一个地传来。印象最深的是关于三枪集团捐赠的1万多件保暖内衣。从2月16日开始统计市内50多家一线单位的需求，经过资料审核、名单确定、物资对接、货物包装配送等诸多环节，然后将物资从500多公里外的西安运到十堰，于2月25日发放到一线，前后只用了短短9天时间，让我惊叹于麦田的速度。

截至3月中旬，在大家的坚持和努力下，麦田为十堰筹集送达的物资包括防护服、口罩、制氧机、有创呼吸机、无创呼吸机、紫外线消毒车、测试盒、消毒液、酒精、手套、手术帽、隔离衣、保暖衣等各种防疫物资，合计价值近400万元。物资覆盖了医院、卫生所、小区物业、救援组织、公安等100家单位，有效地协助这些单位在防疫工作中守住防护底线。感谢妈妈，让我有机会参与到抗疫的志愿服务中，并感受到来自全国各地对十堰的关心与温暖。

其实，并没有那么多超级英雄，多的是像妈妈这样的普通人，他们平凡而卓越，渺小却伟大。在这段特殊的时间里，他们的微光，点燃了我们每个人心中的希望和勇气。

在困境中的每一个人都会抱成团，这是妈妈的信念和动力。每个人都不是孤立的，每个生命都是相互牵连的。医护人员为了保护我们不顾危险，奋战前线，我们也要为了保护他们而伸出自己的双手，尽力做好自己能做的事。

（陈佩筝）

09 麦田相遇

颜箐，麦田资助人，连续多年资助小朋友，现居深圳。

没有见过面，我们通过微信，一起聊了聊关于麦田的故事。

在我自己的生活里，麦田是熟悉的。但在我周围的世界里，麦田对于大多数人来说是陌生的。没有宣传，没有介绍，没有大面积的推广，也就意味着麦田的传播大多是以口口相传的模式出现。

对于颜箐而言，也是一样。2007年的颜箐，一直想找一个机构去资助小朋友，后来在朋友那里了解到麦田。于是颜箐上了麦田的论坛，以此去了解麦田。

从这之后，颜箐就开始了她在麦田的资助人身份。她先后资助了两个孩子。一个已经资助结束，而另一个，颜箐从他学前班开始一直资助到上初中。

“麦田对于我而言，最开始只是那一片橙色的海洋不辞辛苦的奔波。虽然熟悉，却并不了解。”我问颜箐说，你对麦田的看法是什么样的。颜箐说看法很简单呀，麦田里的那么多人都在为一个共同的目标一起努力，所以至少对于我而言，麦田是可以信任的。关于信任，颜箐也说到，并没有太多的原因。一是因为身边很多的朋友都在参与麦田，同时在线下与麦田成员的交流中，也让她感受到麦田是很靠谱的。“我也没有质疑过什么，就这样一路过来了”。

“至少我一直在坚持做这么一件事，不管怎么样，我都觉得这是一个值得我去做的事。”我好奇颜箐为什么会坚持这么久，她说她完全没有想过这个问题，就只是觉得既然开始资助了就要一直坚持下去。“就像我资助的孩子，他们也没有说不需要我帮助了，那我也就不会停下来。”孩子需要，我就在。也许这就是颜箐的想法。简单，却动人。

在采访之前我了解到，颜箐周围的很多同事也参与了麦田计划。我问颜箐是怎么样发动他们的。颜箐说她没有刻意去发动，只是当周围的同事知道她在做这个事情的时候，就会来找她聊聊资助这方面的事。颜箐就会告诉他们，有麦田这样的一个组织，可以资助学生什么的。同事们了解之后，也就参与进来，去资助孩子。当一个人有了这样的一个心愿，了解到麦田，就是给了他一个实现心愿的途径。不管是员工还是老板，不管是主动了解还是听说，麦田的存在，是一个机会，是一个表达爱的机会。

关于颜箐的老板，还有这样一个故事。

颜箐除了是麦田的资助人之外，在她的老板和麦田之间，也充当了一个中间人的作用。在颜箐老板女儿的满月酒上，他的老板说，希望用客人们给女儿满月酒的回礼去帮助山区的贫困孩子们。于是颜箐帮他选择了麦田。第一年，老板捐赠了1万元，用于在山区小学建立图书室。作为给女儿的礼物，图书室的牌子上面注明了“爱彤人士捐赠”。第二年，老板找到颜箐说：“我今年还想继续捐赠，能不能再帮我联系一下麦田呢？”持续捐赠两年后，老板表示每一年都会

由爱彤基金捐赠的图书室

捐赠，希望颜箐可以提醒他。于是，每一年都会有几所由爱彤人士捐赠的图书室在麦田的各个项目学校诞生。今年，颜箐在和北北的沟通中得知，可以在麦田设立一个专项基金，以后每年的捐款都放入这个基金。老板在得知这个事情之后，便在麦田教育基金会以自己女儿的名义设立一个子基金——爱彤基金，用于每年图书室的捐赠。

而在颜箐的公司，还有一支义工队。义工队同样是颜箐工作的一部分，华南区的义工活动都是通过他们来筹备，比如有什么大型的活动或者需要义工去参与什么活动。而这些活动，颜箐无论是前期策划，还是现场执行，都全身参与其中。今年，义工参加了深圳百公里徒步活动，并在活动过程中募集到两间图书室的善款。如今，两间图书室已经分别在湖南怀化和永州的两所小学建成，让孩子们拥有了阅读的场所。

在颜箐的世界里，麦田已然成了她生活的一部分。她在帮助别人的同时，也可以完成自己的一个梦想。颜箐觉得，自己的梦想相对于其他的志愿者来说，十分微不足道。但是，世界上大大的成就，都是小小的梦想汇聚而成。也正是因为有了每一个资助的小小的梦想，麦田才能够收获那么多的支持。

颜箐说，因为自己平时没有参加过麦田的活动，所以没有太多特别有感触的事情。她也觉得，资助一个孩子上学是很自然的事情。在她的印象里，感触最大的事情是有一年莫凡到深圳来，给在深圳的麦友讲了一堂课。这堂课上，莫凡讲了他的一些历程，也讲了关于麦田的很多故事。颜箐在课上被感动了："虽然自己做得很少，但有机会去做这样的事，就是很值得的。"

在颜箐的内心里，她资助孩子的事情，是一件很小的事情。采访中她一直说，她做得真的很少。颜箐表示，她从没有想过要通过这些公益活动去证明什么，她只想通过自己去影响身边的一些人参与到这些事情当中。颜箐也说到，生活在城市里，如果不是刻意去了解或者和生活在山区里的人去深入接触的话，你是没有办法去发现他们的生活是有多么的艰难。“往往是一个小小的付出，就可以改变一个人的生活，可以改变一个人的学习状态。”

如今，资助孩子，对于颜箐而言，已经是生活中很平常的一部分。就像吃饭睡觉一样，自然而然。“慢慢地积累，也许就会成为一个不一样的部分吧。”

我向她询问她对麦田的期待。她坦然地说，虽然不是很了解麦田每一部分的东西，但是也会经常去看麦田做的一些活动，一些规划。在她心里，麦田已经是一个相当成熟，并且有自己独特文化的一个公益组织了。“像种子、北北他们，我觉得她们都特别的负责任。相信在他们的带领下，一定会越做越好吧。”

然而在采访中我注意到，颜箐说她已经很久没有收到过她资助的孩子的反馈信息了。“我想很多资助人应该都和我有相同的感受，就是他资助了一个孩子，就会想了解他在不同时期的一些情况。”颜箐期待能收到孩子的一些信息，希望了解到孩子还需不需要其他方面的帮助。“至少，是让我知道他过得怎么样。”

同时，颜箐也对没有太多的反馈信息表示理解。“毕竟都是志愿者在做，我没有必要去要求那么多。但如果真的能够尽力给到我反馈的话，那我能收到就更好，没有的话也没关系。”

“只要需要我，我就会一直坚持下去。”

“愿麦田越来越好，枝繁叶茂。”

采访结束，我有些许感慨。这么多年的坚持，不论放在什么事情上，都着实不易。当你去参与一个人的成长，去陪伴一个生命的绽放，对于自己而言，也是一个十分不一样的人生经历。谢谢这些孩子给了我们一个表达爱的机会！

（麦田教育基金会）

卷三

麦田项目

01 健康课堂 | 为了你们，我们将加倍努力！

前言

鄂黄团队是最早开始做健康课堂项目的团队，从2015年开始就在东沟小学开展项目。2016年，因为原项目负责人离开导致该项目一度停滞。虽然中间经历许多困难，也曾一度停滞，但团队一直没有放弃运营这个项目。

2017年，团队负责人组织志愿者分析现状与问题，大家都认同项目的课程内容，觉得要克服困难继续开展下去。

召集人爱拼说："一方面，我们非常认同健康课堂项目的课程内容；另一方面，项目也使团队在招募、培训以及凝聚志愿者上有帮助。"

但因为性教育课程内容有一定的专业性，志愿者缺乏经验，他们便虚心向一位有长期教学实践经验的老师取经，由老师带领志愿者到学校，亲自示范参与式教学，为志愿者"脱敏"。从孩子积极的课堂表现中，大家渐渐找到了信心，也逐渐建立了稳定的小组。

团队总结：做课程类的项目建立一个较稳定的项目小组，相互的支持非常重要。在上课前需要提前备课，准备好教具材料。在给孩子们上课的时候，尽量融入他们，让他们感受到平等、尊重、参与的课堂氛围，激发互动。同时也要根据现场的状态及时进行调整，保持课堂活跃，这样孩子们更容易接受知识。上课后，及时总结也非常关键，梳理出做得好的地方，也找出不足之处进行改善。

“邋遢大王”情景剧：让孩子从玩中学

2018年5月31日，鄂黄的志愿者给黄土咀小学的孩子上了一节生动有趣的卫生课，让许多人眼前一亮。课堂上，志愿者先播放了视频《猪小弟》，不讲卫生的猪小弟因为没有刷牙洗脸遭到朋友们的一致嫌弃。

通过猪小弟的故事，志愿者希望告诉孩子，保持个人卫生很重要！那如何才能做个干净宝宝？志愿者带着孩子一起学习正确的“洗手七步法”，蹦蹦跳跳，扭动全身。除了要学会洗手、勤洗手，还要每天刷牙。志愿者用一个牙齿模具，现场示范刷牙的步骤和具体细节，再用口诀让孩子们牢记刷牙小贴士。

孩子们在学“洗手七步法”

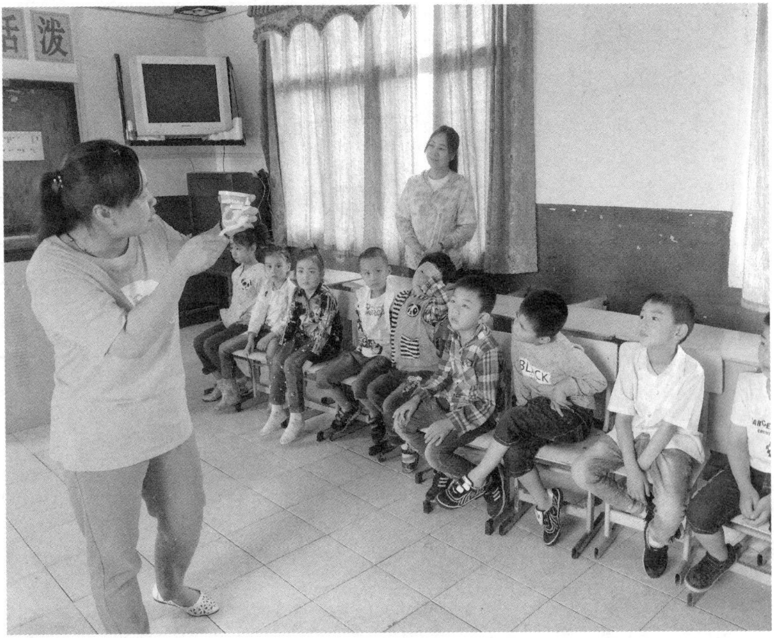

嗯，我终于知道刷牙的正确方式了

随后，爱拼献上了一部情景剧。他扮演一个不讲卫生的邋遢大王，表演前他提醒孩子要仔细观察，找出他所有不卫生的行为，表演后愿意回答的孩子都可以拿到小奖励。孩子们非常积极，纷纷举手发言，甚至指出了许多超出志愿者预期的不卫生行为。这样的参与式教学方法让孩子们从玩中学，充分调动了他们的积极性。

我们现在看这一节课上得很顺利，但鄂黄志愿者也经历了艰辛。

志愿者筱舞提到，原本团队希望能够在这个学校长期开展健康课堂，但在了解项目课程涉及儿童性教育后，学校的态度较为抵触。

志愿者尊重学校的想法，但也没有放弃。于是，在给一二年级的孩子上课之前，大家做足了准备，从聚在一起讨论课程，查阅汇总网上优秀的教学案例，到准备各种教学工具，排练短剧，都做了充足的准备。

针对低年级学生爱玩多动的特点，他们用游戏、提问互动的方式串联整节课，由浅至深地带入知识，让孩子有所收获。

课程结束后，同样参与了课程的学校老师表示十分满意，感受到了孩子们的高参与度和鄂黄志愿者的用心。志愿者希望未来继续在这个学校开展活动，争取慢慢让学校老师和家长看到课程效果，让健康课堂能够在学校落地生根。

黄土咀小学师生的反响让鄂黄的志愿者多了信心，另一个服务学校东沟小学孩子的改变也让他们感到惊喜和鼓舞。

2018年5月25日，他们为东沟小学三年级的孩子上了一节“我从哪里来”的性教育课。志愿者用《小威向前冲》的故事讲述生命的起源。在提问环节，有一个小女孩让志愿者印象深刻。小女孩突然举手发言，十分自如地回答问题，对故事里的许多细节也记得很清楚。在一问一答间，可以明显感觉到其他同学也变得积极了。也许，老师对女孩的认可和正面反馈激发了其他孩子来分享自己的看法。同时，也让志愿者变得更加自信，这种激励是多向的。

课上有另一个男孩，志愿者观察到他一直处于想举手却又不太敢举的状态。于是，志愿者走到他的跟前蹲下来看着他（因为同学们都坐着，不希望让他感到压力），问他：“这个问题让你来回答好吗？希望旁边的同学也用掌声鼓励一下他。”在他回答问题后，得到了同学们的掌声。相信他一定很开心走出了第一步，也感受到老师和班集体对他的肯定。

从2015年到现在，在课程的长期影响下，东沟小学的孩子们从一开始接触性教育的懵懂胆怯，到现在更加积极、开放、愿意主动表达，与老师沟通。学校老师也从初期的观望到现在积极和志愿者交流，并给予了很多课堂支持，主动融入课堂中，以协作者的角色和志愿者作相应的配合。

三年的努力，可滴水穿石。

志愿者的点滴努力还有很多。

他们喜欢将教室布置成U形，营造一个安全、包容、尊重的课堂氛围。孩子们可以面对面地交流分享，轻松的坐姿让他们更愿意参与互动，说出自己的想法。同时志愿者也可以观察到孩子们的反应，及时调整授课。

2018年5月黄土咀小学健康课堂

每次上课后，志愿者都会在学校开个小会，对当节课的情况作及时的总结，梳理出优点与改进点。在反思中，一步步完善课程设计，培养出更多有经验的志愿者。

“我平时会接单做兼职司机，车上长期都放着《珍爱生命——小学生性健康教育读本》。因为教材非常显眼，很多乘客翻阅后会跟我说TA的看法和意见。这对宣传和推广我们的课程是一个很好的助力，也为我们的课程调整提供了很多思考。”爱拼说。

也期待能够听到更多的好消息，祝福鄂黄团队！

（项目部口袋君）

02 麦田走访｜孩子别怕，前路会遍布星光

「麦田的很多项目在落地执行前都需要通过志愿者实地走访，去到相关家庭的家里收集资料、确认信息。每个学生的走访资料必须由走访小组填写贫困原因、走访评价，并讨论得出是否资助结论。

很多时候走访一个孩子，需要花上3~5个小时。大山的风景很美，但是真正的走访并没有想象中惬意：有的时候山路崎岖，有的时候天气不佳，还时不时会有各种意外状况。

麦友常调侃：在麦田没有亲自走访过代表你还不是一个真正的麦田人。有麦友说，走访的所见所闻可能就是我待在麦田里的原因。2018年10月5日—6日，南宁团队联合深圳团队，对广西大化县七百弄实验学校初中部初一学生进行走访。今天与大家分享的是由志愿者扁扁写的一篇走访感想帖，请大家品味。」

又是一年走访季，再次深入七百弄大山中一步一个脚印去感受七百弄的美，丈量坐落在山坳中每一个家的距离，聆听着每一个家

庭的故事。

那年，秋天

我和你，坐着你家的门前

在那棵葫芦藤下

我问你答，你的羞涩躲避着，你的沉默用心听着

此刻，我脑海中忽然闪过那一个画面

是你，抬着头，仰着脸，双手握拳用力去按住眼睛，你倔强把红了眼的泪水，按了回去

当时，我想，是不是你怕我笑话

后来，我想你其实可以哭出来的，为什么要去忍

如果你想念她，你可以说：我想你，妈妈

但，我怕，我怕你忘记她的样子，时间一点一滴模糊了，模糊了，她是妈妈的模样。

（一）

道说与你、他和她的想念，那些模糊而又深刻的记忆，却模糊不了你的样子。

这是走访第一个孩子家，是一个女孩，叫小柳，初一，刚进我们的麦苗班。小柳表现出对麦田、对我们都很陌生，不说话，不笑，当时只有小哥哥、妹妹和她在家。

按照以往在对孩子家庭不了解的情况下，一般开口会这样问“你们家有谁在家呀？”，而不是“你爸爸妈妈在家吗？”

在我们刚坐下不久，屯里的人会对我们这些陌生人进行围观打

前往小柳家的路上

探，同伴阿焕从邻居口中得知该学生的父亲已去世，但由于听不懂当地的话，不清楚去世原因，阿焕、豆腐他们在一旁小声告知我这个情况，还眼神示意我要避开问一些关于父亲的问题。

“看你们家户口本上，你还有三个姐姐和一个哥哥呀，怎么没见在家里，是去山上做农活了吗？”

“大姐嫁了，二姐也嫁了，三姐去打工，哥哥在山上砍柴还没回来。”这是小柳的小哥哥——小县回了我。

“大姐也有4个小孩了，好像。”小县不确定地说了一句，说完转头往左边看了下妹妹，两个孩子用疑惑的眼神又看了看我。

我重新翻开户口本，看了下大姐是因婚而迁出户口的记录，大姐1997年，二姐1999年，1997年的大姐是4个孩子的妈？

“二姐真的也嫁啦？嫁哪去了？”看着这户口上的年龄，我实在是忍不住又得再确认一次。

“是的，二姐好像也有了一个小孩，她嫁去了贵州。”小县语气也是不太确定，但已经确认两个姐姐是出嫁了。

最后我们在记录走访表格中，仍然空缺父亲这一项情况的记录，豆腐让我打电话给孩子的妈妈，结果手机因欠费已停机，我想了一下，向前搭上小县的肩膀，拍了拍说：“走，陪姐姐去那边走走聊会天呗。”

“小县啊，你对爸爸还有印象吗？”是的，我最后选择了从小哥哥那里去了解这个家庭空缺的信息。

“印象？好像有，又好像没有吧。”他好像一点都不惊讶我问的问题，显得很平淡。

“你愿意和我说说吗？”

“爸爸是喝酒生病，死的。我和她们还读小学，我不太记得了，可能大哥知道多一点吧。”

就在我们走访完返回的路上，我们遇到一个男孩子扛着柴从山上下来，豆腐和阿焕叫住了我，我们猜想那个男孩会不会是小柳的哥哥：“那谁，你是小柳的哥哥吗？这里这里，你是不是那×××的哥哥啊？”下山的男孩听到我们的呼喊声，把柴放在路边，走了过来，确认他就是小柳的大哥，在山路边上站着，我们和大哥再确认一些问题和家庭情况。

“你还记得你爸爸的事情吗？你还有印象吗？”

“我不确定是什么时候，就记得那时候，我和妈妈一起去外地打暑假工，家里就只有小的妹妹、弟弟和爸爸在家。然后爸爸和别人去喝酒，可能没怎么吃饭，是脑溢血去世的。”

这是个多子女的单亲家庭，父亲在盖好新房子之后意外去世，两个姐姐嫁了没有回来过，三姐今年升高中，考得还不错，因为家里付不起学费，三姐自己选择辍学，让大哥留级一年继续读书。隔天大哥给我打来电话，说他妈妈同意我们的走访资料，快要结束通话时他像有什么话想说，一直支支吾吾：

“姐姐，你们为什么不来早一点？如果我妹妹有你们帮助的话，她……她可能就能去读书了。”

“你很想让妹妹再回去读书吗？”

“姐姐，我妹妹成绩比我好，她是为了能让我去读高中，是她自己选择去打工赚钱的……”电话那头的大哥，声音已经哽咽说不出话。

他觉得对不起他的妹妹，如果两个大的孩子中，必须要选择一个辍学出去打工赚钱的话，他想那应该是自己。

可是，把高中录取通知书藏起来的妹妹，主动作出辍学的决定。

很现实，也是很真实存在着，可是为什么，为什么呢？为什么一定要一个孩子去成全另外一个孩子的读书机会呢？

无可奈何的诉说，不得已去选择的选择，也许模糊了不单单只是父亲的样子，也模糊了一个家的圆满，模糊了一个孩子遥不可及的梦想。

（二）

2018年10月6日，我和六哥两组去了一个新学校踩点，这个学校以前也有南宁团队资助的学生，但后来学生辍学了，也就再没有资助过学生。那天我带队的组在这儿走访了另一个七百弄版本的蒙小南家庭（父亲去世，母亲出走，4个孩子相依为命。2016年4月麦田南宁团队牵头发起筹款，为4个孩子盖一栋新房。

下图这个房子，来过大化走访的麦友，对这样的木棚房子不会觉得很惊讶，因为在大化，不管是七百弄，还是雅龙，走访这几年，我也见过不少，但每次看到这样的房子，还是忍不住会感叹两声，怎么会这样？怎么还是这样？

这是4个孩子和奶奶的房子

这个房子，住着4个孩子和奶奶，最大的男孩读初一，最小才4岁，奶奶将近70岁的高龄，里面摆着三张床，一盏很暗的灯，那个灯，真的很暗，暗得无法看清楚这个家除了床还有什么东西。

在这个家里，没有爸爸，没有妈妈，2015年这个孩子的父亲因肝硬化而去世，隔年妈妈改嫁走了，再没有回来过，4个孩子和奶奶相依为命地生活着，在走访过程中，很多信息都是通过邻居们用普通话传达给我们听的。

“他们那个房子啊，你们也看到了吧？政府都说不让他们住进去了，是危房，不给住的。”

“那他们住哪里？”我当时不确认奶奶和几个孩子是否真的继续住那个棚子。

“他们现在，好像住这里，这里是孩子的伯母家，政府不给住，他们几个孩子和老人住这里咯。”

“孩子的大伯，零几年也走了，也是肝硬化……”

“什么？孩子的伯母家也是单亲家庭？那伯母家里有多少个孩子啊？”我的天，在木棚房子前面那一户是走访孩子的伯母家，伯母家有5个孩子，她的丈夫也是因肝病去世。

“那他伯母还挺好的，没改嫁走。”我还故意开玩笑说了一句，就想了解下，伯母会不会……

“哎哟……再改嫁走一个，这家4个，他们家5个，就是9个孩子和一个老人了。”

是啊，9个孩子，2个单亲家庭，靠着2个女人去养活。

其实在当地，父亲去世，母亲改嫁走了的真人真事太多了。

这次走访，24个学生家庭，有16个是单亲家庭，其中有15个家庭都是父亲因病去世，那些能留下来照顾子女的母亲没有改嫁，没有离开，正如那首歌唱的：“有妈的孩子像个宝，孩子还能投进妈妈的怀抱。”写到这里，我想起了豆腐姐说的：“我们组走访5家，只有1家爸爸还在，但那个爸爸还是在医院的。”所以，三年后如果再回访，我真的不知道这剩下8个家庭中，又会有何变故，但愿一切都好。

（三）

最后，用一段小诗说说我的期盼。

想要小心翼翼地呵护
你那孩子般的喜悦
那些最美好的信仰
只是想相伴与你成长
却变成一种奢求

那些年里，父亲拉着你手
走过很多很多的时光
那些时光里
父亲看着你每一个个点滴的成长
那些成长记忆里
父亲心愿也许就是想要
看着你长大，读书，生儿育女

当这些记忆模糊了，别怕，孩子
模糊了记忆，模糊了他、她的模样
但不会模糊你那份坚强和善良
愿你不惧未来，不念过往，鲜衣怒马，不忘初心
那些遇到过的你们，云出破晓的灿烂
愿可以和你们一路相伴
虽然未来是触不可及
但会遍布星光，别怕

（扁扁）

03 彩虹口袋｜彩虹口袋伴我们“成长”

我是麦田志愿者——张桂珍

我是天津团队的张桂珍，大家都习惯称呼我“珍姐”。

当我看到彩虹口袋故事征集的帖子时，第一反应是转发给易县的老师们，期待他们能写出自己和麦田、和彩虹口袋的故事。同时，我也在想，自己在实施彩虹口袋项目四年多的时间里，都有哪些经历呢？

翻开“相册”，从2014年4月至今，每一次活动都历历在目。那就让我随着过去的照片，一起回忆我们曾经历过的故事……

2014　初遇

2014年10月25—26日，是我第一次参加彩虹口袋的第二课堂活动。印象最深的是大自然的女儿（王老师），利用彩虹口袋的材料给孩子上的第一堂美术课。她结合孩子们所掌握的几何图形，告诉孩子们如何通过各种图形来作画。在大自然的女儿的启发下，孩子们画出了他们的“处女作”。下课后，大自然的女儿还给孔山学校的老师们简单培训了一下，引导老师们如何带领学生开展美术课。

志愿者大自然的女儿在河北易县孔山小学给孩子们上美术课

随着彩虹课程的开展，我们帮助南柳泉小学申请到了彩虹口袋，指导老师们利用彩虹口袋里的材料，带领孩子们开展美术绘画活动。经过一年多的彩虹课程活动，孩子们能够在老师的指导下，独立完成一幅幅作品，在色彩运用和画面构图等方面都有了很大进步。孔山小学和南柳泉小学的老师，不仅带领孩子们开展更为丰富的绘画课程，还能独立完成彩虹口袋的反馈。

2015 转变

2015年9月19—20日，为了给十月份的“为爱而行”大型义卖活动做准备，我们志愿者再次走进易县开展“七彩童画”活动。这一次，我的身份发生了改变，由之前的参与者到这一次作为助教，协助紫水晶（程老师）开展课程。

这次活动所有的作品，全部用于“为爱而行”大型义卖活动。

活动当天，部分孩子们的作品刚刚展示起来，就被热心的顾客们争相抢购了。

2016 成长

2016年，帮助易县西柳泉小学申请到了彩虹口袋，感觉自己参与彩虹课程的热情更加高涨。而天津团队志愿者也在近两年的活动中不断进步、成长，他们从最初的简单绘画教学延伸到刮画、石头画、粘贴画等，课程的内容和形式越来越丰富多采。志愿者们在一次次的活动开展中也不断成长，比如小白老师，由最初的参与拍照活动，到助教，现在已是天津团队彩虹课程的主力老师之一。

2016年4月16日清晨，我们驱车大概五个小时来到易县塘湖中心小学，分成几个小组，前往孔山小学、南柳泉小学、西柳泉小学等学校开展彩虹课程，这次我们的课程同样精彩纷呈。

河北易县塘湖镇西柳泉小学彩虹口袋发放

2016年5月28日，不到5点钟我们便早早起来准备，5∶50出发后，我顺利地接上了亲爱的麦友们。和山子哥、无眠等志愿者，带着支教联盟的大学生，一起向着那熟悉的地方出发。

因为西柳泉小学刚刚申请到彩虹口袋，所以，这次我们再次邀请了有丰富美术教学经验的大自然的女儿，给西柳泉的孩子们上了一堂精彩的水彩画，教给孩子们用笔涂色的方法。

当我看到孩子们那一幅幅作品时，心里充满了感动。每一次的第二课堂活动除了感谢当地老师和孩子们的积极配合，还要感谢支教联盟的大学生，这次更要感谢带病坚持给孩子们上课的大自然的女儿！谢谢大自然的女儿的理解与支持！从她身上我看到了作为一名志愿者的奉献与爱心。

2017　收获

2017年，为塘湖中心小学申请了“艺术梦想包”，郭老师每周都用梦想包的材料给孩子们上课，定时反馈，还选送两幅作品参加了“全家福”活动，取得了非常好的效果。2018年年初，又补充申请了70套彩虹口袋。同学们每次上课都非常开心，用他们手中的画笔，尽情挥洒绚丽的色彩！

河北易县塘湖中心小学的老师使用“彩虹口袋”上美术课的反馈

2018　感恩

2018年3—5月，我筹备组织了两次第二课堂活动。5月底的最后一次易县之行，更让我心里暖暖的。

5月26—27日，天津团队志愿者和支教联盟的大学生，分别在六所小学开展了“彩虹课程”。大自然的女儿又一次担起重任，给孔山小学3、4年级的孩子们上了一堂以“爱”为主题的美术课。

5月27日上午，当志愿者的彩虹课程结束后，孔山小学的王校长和孩子们，为志愿者精心准备了几个小节目。孩子们用他们灵巧的双手为我们志愿者系上红领巾，并为我们志愿者表演了六一节目，让我们仿佛回到了童年，心情无比激动。谢谢王校长的精心安排！谢谢这些纯真的孩子们！虽然我们之间的情谊用“谢谢”来表达远远不够，但我们还是想说声“谢谢”，我们不是亲人胜似亲人，我们是一家人！

这就是彩虹口袋伴我在麦田这个大家庭里一起成长的经历。我和我的一些伙伴们，都是由最初的参与到组织策划活动，一步一步慢慢成长，懂得自己应该做什么，如何去做。这就是彩虹口袋的“魅力”，让我们心心念念、乐此不疲！

“谢谢这些孩子给了我们一个表达爱的机会！”——是孩子们让我们在彩虹课程中得到了自我价值的认可，是孩子们给了我们坚持公益的勇气和力量，是孩子们给了我们无数的快乐！孩子们，我们永远爱你们，我们将尽己所能去陪伴你们健康成长！

「口袋君说：

彩虹口袋从2014年开展第一期，第一期有三所学校，其中就有天津团队对接的孔山小学。这些年开展下来，天津团队的身影总没间断过，其中就有珍姐。

让我格外震撼的是，文中那一个个鲜明的日期，2014年10月25—26日、2015年9月19—20日、2016年4月16日清晨、2016年5月28日5∶50……每个日期背后是珍姐多年来的全身心投入和付出。

彩虹口袋的口号是“彩虹口袋，让课堂变得五彩缤纷”，然而，让课堂变得五彩缤纷的还有珍姐，还有大自然的女儿、小白老师、山子哥、无眠，还有孔山小学、南柳泉小学、西柳泉小学、塘湖中心小学，还有成千上万的麦田志愿者和学校老师。

向你们致敬。」

（珍姐）

04　彩虹口袋｜点燃山区孩子的艺术梦想

彩虹口袋来了

2017年10月25日，大桑完全小学迎来了麦田十堰团队的志愿者，他们给大桑完全小学的60名学生带来了彩虹口袋包。初见不知是何物，孩子们对于彩虹口袋并不了解，我告诉他们那里面是画画的用品时，孩子们可高兴啦，这是他们第一次亲眼见到整套的绘画用品。以前，对于颜料和画纸，他们都很陌生，就算是一盒12色水彩笔，在校园里也是很少见的。

2016年，彩虹口袋发放，孩子们第一次收到绘画工具包，开心极了，我用手机拍摄了这张照片，记录孩子们的开心时刻

彩虹口袋发放完毕，十堰团队的麦友给孩子们带来了一节水粉课《秋景》。因为教室的空间有限，所以只安排了五六年级的学生来参与绘画，其他班级的学生只能在教室门口、窗边旁听。但孩子们

争前恐后看着哥哥姐姐们绘画，那雀跃的小表情，小眼睛泛着好奇的光，他们也好想自己也能动手画一画。

我的第一节美术课

2017年11月6日，第一次拿着画纸和水彩笔给孩子们上了第一节美术课，教给孩子们画最简单的大树。对于站在讲台上已经有了三年教学经验的我来说，第一次对课堂变得胆怯，因为没有接触过美术，只能让孩子们自己去画。那段时间，我看了很多的画画教材，找了很多的课件和视频给孩子播放，但是自己却始终不敢给孩子们好好地上一节完整的美术课。

我与学生，从0到1

拖延症变得越来越严重，孩子们想画画的心也越来越强烈，只要课程表上有美术课都会跑来问我要不要上，哎，此时的心情真的是无法用文字表达……为了孩子们，只能硬着头皮去学上美术课了。

2018年的夏天，孩子们意外在课外书上看到了这幅图片，觉得很有童年的味道，就用画笔在画纸上记录了下来

对于我们学校的孩子来说，没有一丁点的画画基础，我就从简单的简笔画开始入手，让孩子们先画一些简单的绘画，最主要的是培养孩子的自信心，不管孩子画什么，只要敢于动手画，就已经很棒了，我觉得这也可以算是对自己课堂的一种认可。

从最基本的简笔画开始，孩子们慢慢地去学着发现身边的一些美好的风景图片，并收集起来，模仿电视里或者课本上的图画，自己动手去创作。看到孩子们从最简单的简笔画到现在能完成一幅完整的绘画作品，自己感到很欣慰。

新的天地，从1到X

2017年12月，我有幸参加了麦田计划彩虹口袋的培训，通过培训导师的示范课，不仅让自己开阔了眼界，也学到了很多。回到学校，我把培训的课程带到了我们的课堂上，让我有了意外的收获。孩子们对于美术课变得越来越喜欢，每逢在校园里看到我总会跑过来问："璐璐老师，你什么时候还给我们上美术课，我可想画画了。"听到孩子的话，感觉自己所有的努力都没有白费，虽然生活在大山，但是孩子们也有一个想画画的梦想。

2018年3月，校园外的桃花已经开始争奇斗艳了，孩子们采了一些桃花来点缀，在画纸上感受春天的味道。

2018年3月，校园外的桃树开花了，孩子们折来桃花送我给，我突发奇想地开设了一节以桃花为主题的树叶贴画课，收到了意外的惊喜

一节美术课程的开展，孩子们对于树叶画很是喜爱，自己在周末也会去收集各种各样的叶子，做成美丽的贴画，很细心的同学还会把自己家里的豌豆花、青菜叶子也运用到画纸上，不得不说孩子们真的是进步了很多。

结束了叶子贴画，孩子们的劲头变得越来越大，迫不及待地想再学习一些新的知识。我无意间做了一幅粮食贴画，孩子们特别喜欢，回家准备了各种各样的粮食、工具，学着我的作品自己动手创作粮食贴画。

为增加孩子们的绘画兴趣，我自己动手做了一幅粮食贴画，给孩子们作为美术教具的分享，这节美术课程的开展，也让我对美术课有了全新的收获

从树叶贴画的课程开展，我发现以前很胆怯的小男孩开始慢慢地动手做，不敢绘画的小朋友也学着大孩子的样子在画纸上发挥自己的想象，孩子们在课余时间体会到这种乐趣，学习也开始变得越来越有劲儿。

从最初简单的简笔画，到现在一幅完整的作品，孩子们不再胆怯，慢慢变得越来越自信。所有的成长和自信，一切都源于麦田的彩虹口袋，让孩子的童年变得有色彩、更有趣。

因为彩虹口袋

因为彩虹口袋——原来树叶也可以变成一幅美丽的画；

因为彩虹口袋——粮食不仅仅可以变成种子，更能在画纸上变成小动物；

因为彩虹口袋——我第一次知道了原来水粉的颜色是那么的鲜艳；

因为彩虹口袋——让我的童年变得更加有色彩；

彩虹口袋，因为有你，让我的童年变得更美丽。

（大桑完全小学璐璐老师）

卷四

麦苗文摘

01 青葱岁月里的回望

麦苗班这个项目落地箭竹溪初中，我不是参与者，却算得上是见证者。

2018年5月中旬的一天，与麦田利川地区负责人精灵相约在传媒大楼的办公室见面。那时的精灵还在一所乡村小学任教，公益助学活动都是抽课余或周末时间来完成。

5月的利川正是梅雨季。从窗口望出去，滨江路车迹寥寥，清江两岸烟柳依依，一片清幽之景。一杯清茶，茫茫雨帘。两个都有过乡村教书经历的人，很容易从怀旧的氛围中找到共同话题。

在多年的乡村教书生涯中，我也曾数次动念为那些家境贫寒的孩子们拉上一些赞助，用以解决他们的生活困境。但宥于逼仄的视野和交往圈子，夙愿一直未偿。后来在未曾料及的人生经历中，走进校园的时间越来越少。如果不是这个下午，我都差不多忘记了那些深藏心底的旧事。

话题从精灵多年的麦田公益助学经历谈起，麦苗班的想法也是在这次碰面中提及。那时候，项目其实并没有实质性的进展，学校选择及申报、审批等流程尚未启动，我们聊及的，仅仅是一些不知

孩子们毕业前的留影

道能不能实现的理想。

之后的每次碰面，我们都提到这件事情。我多是动动嘴巴，想点对策、给点建议，真正往来奔波、上下联络的还是她。一个多月后，在多部门协力之下，项目最终成功落地在箭竹溪初中。其间多少困难，我不曾知晓，也就无从述起。这样频繁的往来奔波里，自有不可言说的辛劳，只是这些年的助学经历中，类似的事情，她做得不少，揽到身上的担子太多，早已习以为常。

当年暑假期间，麦田武汉团队牵头，全国各地的麦友聚到箭竹溪初中对各村寨学生进行走访，以确定麦苗班学生名单。7月的箭竹溪暑气蒸腾，夜间志愿者们就在学校操场席地而坐，泡上一桶面，就着几块饼干吃上一顿。深夜或住帐篷或睡车里，凑合一夜，第二日继续走访。那场景，至今想来，仍是莫名感动。

9月初，麦苗班成功开班。资助方、联络方、志愿者、学生家长们悉数到场。合影时，孩子们都穿上了统一的T恤衫，一片绚烂的橙红。那张照片，我至今仍装在麦服口袋里，每次翻看都能想起那天的场景，留在记忆里的，也一直都是孩子们满足的笑容。

之后的时间里，麦田计划有针对性地组织了很多活动。涉及心理健康、艺术教育、学科辅导等。我曾受邀去过两次，略尽绵力。记得有一次去正遇上10月里一个响晴的天气，因为到得较早，距集会还有两个小时，学校领导和老师便引我们去周围的山间走走。至今记得，那天我们穿过几个村庄和一片森林，站在了一条很深的峡谷口。秋风轻拂，抬眼望去，遍山杉林透红，红叶翻飞，脚下的深谷内有一条河，哗哗流动的水声随风入耳，衬出一种空寂的静美。

身处这样的时空，自生出几分苍凉之感。想这半生奔走，历经多少事，兜兜转转间，教书时候的简单惬意，才正是深藏心底最美的回味。庆幸这班孩子们可以享受到麦田计划全方位资助，也深深为这帮身着橙服的麦田志愿者不辞劳苦地奔波而感动，心内亦随之生出几许温情来。

再以后，麦苗班的各项资助工作愈加成熟顺畅。武汉团队思虑周全，校领导和几位老师也颇为费心，还开通了《麦苗文摘》公众号。每一期，我都会认真阅读。孩子们的文字略显青涩，却饱含感情，留存着这个年龄的孩子们特有的纯真，每一篇，都能找到一些触及灵魂的东西。

这些文字，有的书写经历，有的表达谢意，有的是内心的独白，有的是少年记忆。剥离了附加在作文上的种种标准，这本麦苗文集里的每一篇文章，其实都是为了对话而存在。人生是一个寂寞的过程，只有我们自己，才是内心真正的知音。孩子们在书写中倾诉自己的体验和感悟，也在书写中畅想自己的理想与未来。写作是为了对话，在与自身、与他人、与社会的对话中，我们的思维由混沌到清晰，我们的认识由幼稚到成熟，我们的心灵由空乏到丰富。因此，作文不仅仅是一种技巧，还是我们提升自己精神境界的重要过程。

中学的时光真的是很快也很短暂，站在月光里眺望我们的流年，它带着光洁的忧伤，流向幸福的边缘。有些人有些事有些回忆不一定会天长地久，但的确是可以储存在我们的记忆中和我们的生命同生共死。三年以来，无论是快乐或是忧伤的东西都已经回不来了，它们在时间的反反复复中早就融入了岁月，搭乘生命之舟，似水流年滑去梦想尽头，手里握不住的是逝者如斯，脚下站不稳的是时间伤口，那些似曾相识的幻影都扩散了，伸手去挽，可分明已经遗失了些许什么……我们所能做的只有努力去拾起岁月遗下的残片，串成生命中难忘的一串一串。

正是在这样的一种心态和动力的支持下，武汉市洪山区青年麦田志愿服务中心的志愿者把孩子们的作文编成了这本小集子。我想，毕竟是自己的作品，读来总会有一种亲切和熟悉的感觉。

未来的人生中，总会有那么一个时刻。或是在清闲的午后，或是在落日的黄昏，泡上一杯清茶，翻开手中的书卷，任思绪纷飞，飘过每一个有梦想的角落。看泛黄的纸页，掀动尘封的记忆，年少的那些幻梦会一一重现。那一刻，才恍然发觉，原来这生命，早已与这些文字以及这段麦苗班的情缘难分难解。

陈亮

2021年5月20日

02 纵使前方荆棘满地，我亦勇敢前行

微风不燥　阳光正好

温柔的阳光映照你的脸庞，微风轻轻地抚摸着你的发丝，你会不会也认为微风不燥，阳光正好呢？

利川志愿者回访

注：《麦苗文摘》是指麦苗班孩子的文章专栏，麦田公众号每周精选 1~3 篇分享给大家，让更多人可以通过文摘，看到小麦苗的成长。

集合铃响了，我们纷纷来到操场站好队。黎校长说，今天的第三四节课不上课，要到校外打扫街道，少先队员要佩戴好红领巾，团员要戴好团徽，其他学生要戴好学生证。一想到可以出去为社会做点事情我就特别开心，而且我们班要打扫的街道是希望小学那边，说不定还可以见到小学老师呢！临出发时李老师把我和黄娇同学叫出了队伍。

“向老师找你们两个。”

“嗯？”

我当时在想：向老师？向老师不是还在医院吗？难道……

“向凤老师找你们！”李老师又说。我这才想起来昨天晚上党支部书记李朝素老师找我和黄娇聊天，说是今天有记者采访。我在人群中一眼就瞄到了麦田志愿者向凤姐姐，她还是那么温柔动人，在人群中还是最亮眼的一位，她活泼开朗，我们站在一起别人还会说是姐妹呢，我们说着知心话。记者姐姐很好看，也很温柔，她的形象在我的心里扎下了根，特别是她的那台摄像机。

向老师（我的语文老师）也有一台照相机，是我见过最为宝贵的器材，因为它记录了许多感人的瞬间，也包括麦田计划志愿者的爱心活动。以前，那台照相机总会出现在各个场面，无论是怎样的天气，它都没有迟到，而今天它却迟到了，真的是一次遗憾！

碧蓝的天空中飘荡着几朵悠闲的白云，小鸟飞上树梢，放声歌唱。离开校园，各个班级举着校旗排着整齐的队伍去各自的区域打扫卫生。

告别队伍，我与向凤姐姐坐车出发，首先去的是我家。车内气氛和谐，我们谈论着过往，谈论着现在，谈论着未来；我们一起交谈，一起畅想，一起努力，一起找方法，一起为改变命运加油。

车子在我家门口停住，我见到了思念了五夜的奶奶，她从一间偏僻的房子出来，我知道她是去喂兔子的。真的像奶奶说的一样，读书的我们走了整个院子就只剩下她一个人了，我瞬间懂得了奶奶内心世界的孤独与寂寞。我们搀扶着奶奶，走进屋里。

奶奶十分好客，一打开门就微笑着喊姐姐们坐。姐姐们不顾疲劳，立即进入话题，统计信息之后就到了我最紧张最害怕的时刻——记者采访。采访的内容我还是记得的，我当时非常紧张，声音沙哑，不敢大声说话。在向凤姐姐的鼓励和开导下，我心情放松，大胆地说出我的想法。令我记忆最深刻的一个问题是“通过这个组织给你带来了什么影响?”我想说的是:“麦田计划给我带来的影响很大，他们每学期分发的生活费替我爸爸减少了一些负担，他们提供的书籍给了我探索新知识的渠道，他们提供的毛茸茸的手套，让我在冬天感受到温暖，他们所开展的‘第二课堂’，让我们在课堂上尽情发挥、尽情交流，以及放纵地玩耍，我们又多了一条了解世界的渠道。不仅有物质支持更有精神滋养，我们随时通过网络交谈，在我伤心难过时给予安慰和鼓励，给我前行的道路铺上一层花瓣，自此我们的人生一路芬芳。当你在遇到困难时请不要放弃，他们都在努力，你为什么要放弃你自己呢?”

告别奶奶回到街上，志愿者要去另一个同学家里采访。而我则被送到理发店，向凤姐姐说我头发太长，在学校不方便，和奶奶商量后就决定给我整理头发。

中午时，姐姐们完成了采访任务。向凤姐姐找了一家饭店，请我们吃饭。回到学校已经上课十几分钟了，同学们在看电影，庆幸的是老师没有上新课，我可不想落下一点课程。坐在教室里，心情激动，回忆着与志愿者在一起的经过，想着如何把它写下来。

漫漫人生路，我们不仅要看行驶的前方是否有绊脚石，更要记得欣赏沿途的风景和陪你一起看风景的人。

纵使前方荆棘满地，我亦勇敢前行，因为远方有诗一样的梦想。

（金地物业麦苗班　贺林燕）

书情

进入初中以后，总能收到不同的人为我送来的帮助。

上周星期三，我一早来到学校，结果却发现停电了。不知怎么的，我有一种预感，觉得有一件大事要发生。不过，学校居然为我们供了电，于是放下心来安静地读书，背单词。

吃完早餐，那种预感又来了，要是那件事让我早点知道，恐怕

利川志愿者回访

就不会有这种强烈的预感了。上完两节课，来到操场站队。偶然间，我看见了向凤老师和陈子龙大哥哥。下操之后，我急忙跑过去与他们打招呼，说了几句欢迎的话。之后，向凤老师问我最近学习怎样。我就说:“上了八年级以后，感觉学习任务一下子加重，所以我必须比以前更加努力。”

上第三节课时，向凤老师叫麦苗班委会成员去帮忙分书。为了节省时间，志愿者也参与分书。直到中午，吃完中饭，他们才动身离开。

下午第四节课时才把书分完，然后叫几个同学搬书。这时，大家才知道，麦田志愿者又给我们送了这么多新书。

看到这么多好看的书，我不禁鼻子一酸，心想：麦田计划的叔叔阿姨、哥哥姐姐为我们送来书籍、生活用品和生活补助费，暑假时还组织了“金色筑梦”夏令营活动，我们更应该好好学习，不辜负他们的希望。

晚上的阅读课，语文老师让我们自己阅读课外书，我立马跑到教室后面的书柜拿来一本书。看着手中的新书，我心想，这不仅仅是一本书，而是麦田计划对我们的帮助，饱含深深的情意。

（金地物业麦苗班　李涛）

03 一颗爱心所蕴涵的意义对每个人来说是不一样的

不争气的眼泪

上周五，我的眼泪最多。

事情是这样的，上周五我校举行“道德讲堂”，大致流程我记不清楚了，只记得几个人的故事让我流下了眼泪。

在王老师讲述她的经历时，她说她陪孩子们一起成长，自己同时也在成长。我觉得老师们一直在陪我成长，我们的所作所为可影响他们的情绪。老师为我们操心，有的人却不思进取。我们的班风越来越差，不知怎的我有点无法融入班级，想到这里我流下了眼泪。我觉得自己对不起老师们的辛勤付出，我的心好痛。

麦苗班班级孩子剪影

接着一位同学的讲述又一次牵动我的心，我同情她的遭遇，不管怎样我都觉得她很可怜。如果可以，我希望可以帮助她，让她幸福。

就在这时，我看见了向风老师的身影，她那鲜艳的麦服和慈爱的面容特别显眼，我目不转睛地盯着。或许别人会说我忽略了道德讲堂的节目，但我就是忍不住要向外看，看着那个给我一片蓝天自由飞翔的人。

顿时，我的眼泪就像调皮的孩子，忍不住地跑了出来，我没有力气控制住它。我用笨拙的手擦了一遍又一遍，可就是止不住呀！我哭了，不争气地哭了。我看着她的背影在后台转来转去，我不时回头转过去看。

一段时间里，台上那令人激动的节目，似乎都不让我注目，只是那个橙色的背影让我永远都忘不了。每一次看见，泪水便会涌出。时间过得很快，向风老师走上了讲台，我的眼泪和心情特别活跃，它们不听话地往外挤。

我擦干眼泪，认真听向凤老师的演讲。她说她以前就有一个梦，希望困难的孩子得到帮助，加入麦田计划后她很开心，帮助了很多孩子。

在这期间，她也承受了很多流言蜚语的打击，但是她为了心中的梦想并没有退缩，坚定地往前走。

一个人的爱心虽然微不足道，但一颗爱心所蕴涵的意义却很大。

我敬佩向风老师，不仅仅是麦田计划的缘故，而是她那份为了自己的梦想不在乎别人误解的胸怀和意志。也许向老师曾经动摇过，但她坚定信念的勇气令我敬佩。她说："每当我觉得很累的时候，一想到那些可爱的麦苗生，就会坚定信心。”

我也希望可以成为一个和她一样的人，我也希望将自己的爱带给贫困地区的孩子们，不，甚至困难的人。听着向老师讲述的故事，看着她真诚的脸庞，我感受到人生的美好。

时间一点点流逝，向凤老师的每一句话都深深地感动我。她的演讲结束了，我的脑海涌出一个新念头，她要走了，我的视线又一次模糊了。看到眼前的向凤老师拿着奖杯和证书站在台上，我才回过神来，双手鼓掌。

向凤老师在热烈的掌声中走下主席台，我的视线随着她的脚步和身影，不禁泪眼婆娑，身边的同学敲了我一下，我才转过头来。不见向凤老师的身影，我又哭了，不停地擦拭眼泪直到活动结束。

进教室坐在位子上，问同桌向凤老师走了吗？“嗯！”我的心好痛，觉得自己好不争气。我无精打采地收拾东西，下楼后竟然看见向凤老师在与其他老师谈话。虽然那儿老师较多，我也一点都不害怕地冲过去。开心的与向凤老师说话，虽然只有几分钟，但对于我来说十分珍贵也特别美好。放学回家时又看见向凤老师。她也看见了我，对我笑，我也笑了。回家后，我又难过地流下泪水。当我拿出麦服，心情慢慢平静，不知不觉地笑了，觉得向凤老师和志愿者就在我身边。

这天我流了很多泪水，但我觉得既珍贵又值得。向凤老师，我们下次再见。

没有你的日子，我会穿着麦服前行。向凤老师，谢谢你让我得到精神的安慰，你是我的一片蓝天。我一定会努力奋斗，实现理想，不辜负你和麦田计划的期望，以后成为像你们一样的志愿者。

我希望志愿者和向凤老师对我的人生加以指导。谢谢你们，我一定会奉献社会去帮助有困难的人，希望你们支持我。

（金地物业麦苗班　黄娇）

牵手

上周三课间操时，麦田志愿者来了，我牵住了向凤老师的手。

几个星期的等待，他们终于来了。我的心顿时涌进一腔热血，我既开心又伤心。

开心的是他们来了，带着对我们的关心来了，我们终于可以见一面；伤心的是他们终会离开。

麦田志愿者与献爱心的小朋友

我带着复杂的情感看着她们。因为那时只有几分钟便上课了，我一见向凤老师就毫不犹豫地向她望去。她和李丽交谈着走进我们的教室，我实在忍不住情绪。

以前的我根本不敢在全班同学面前与人大大方方地交流，但这次的我好像突然喷发出一股勇气，大大方方地牵住向凤老师的手。可是，上课铃声响了，我不舍地回到座位上，依依不舍地看着向凤老师，只见她拿出手机将我们精心布置的教室拍摄下来。英语老师来上课了，她才离开教室。我很开心，只要看到麦田志愿者，我就很满足。

叮叮，下课了，麦田志愿者在哪里呢？同桌靠着栏杆，我问他知道麦田志愿者在哪里吗？他说可能在一楼会议室。我立马往下跑，突然在二楼会议室看见志愿者的背影，我就开心地站在那儿看着等待着。

回到教室，我从书包里拿出麦服，用手轻轻地抚摸着。柳婵娜看见了便问："你每周都带麦服来吗？现在这么冷，你可以不用带了。"我对她说："我带麦服，不是因为要穿，而是我觉得它寄托着麦田志愿者对我们的关心与爱，以及自己成为麦苗生的幸运，一看到麦服便觉得他们来了！"

婵娜走了，我继续看着麦服。我觉得自己能成为麦苗生是一种幸运，增强了我敢于与人交流沟通的信念。

既然我成为麦苗生，那就一定要尽到责任。我树立起自己的志向，希望自己以后也成为一名麦田志愿者，像他们一样将自己的一生奉献给社会，给予那些困难的人以帮助，不管是物质的还是精神的，永不后悔。

我说过的，就一定不后悔。我承认自己的确不够优秀，但是我相信自己的志向，将自己的一生奉献给社会，帮助有困难的人，我是一定会做到的，不惜一切代价。对于我来说，长大以后，金钱地位都是浮云。为了报恩麦田计划，我要做与他们一样的人。我虽然不够优秀，但我会竭尽全力地帮助他人，做一个高尚的麦田志愿者。

麦田志愿者来了以后，我想了这么多。我希望他们可以为我感到欣慰。希望我的愿望尽快实现。加油！以后的麦田志愿者黄娇！为了理想，努力奋斗！

（金地物业麦苗班　黄娇）

04 只要人人都献出一点爱，世界将会……

“只要人人都献出一点爱，世界将会变成美好人间”，每当我想起这句歌词，心中便无比感动。

幼稚的我们不理解贫困的含义，在狭窄的小环境，自我感觉良好。同发达地区相比我们还非常落后，我们犹如井底之蛙不知外面的世界是怎么样的。

直到参加武汉麦田组织的“金色筑梦”夏令营活动，我才体会到外面世界的美好。

没错，现实很残酷，我们就是大山深处的贫困学生，没有家财万贯的父母，没有优越的学习条件，没有丰富的休闲娱乐设施，没有见识过更广阔的世界。相对于在城市中的同年龄人，我们一无所有，犹如一张白纸。

在城市中各种工具能够使人巩固知识，使学习、生活和娱乐结合在一起，各种基础设施让人的生活更加便利，迅捷，能节省大量时间。他们比我们更快，也比我们更富有，不仅在物质上，也在精神上。

但是，这可以成为我们前进的动力。参加麦田组织的夏令营活动，激发了我的斗志，改变了我的观念。

参加夏令营活动，最令我难忘的有两件事。

第一件事是出发前夜，我心中有激动，有忐忑，也有对未知世界的恐惧，生怕自己做错了什么事。

可是最令我担心的事还是发生了，我把户口簿落家里了，面对志愿者和老师的目光，我感到无地自容，我的头仿佛有千斤重，压得我喘不过气，抬不起头。

当我用尽浑身解数才抬起头时，并没有想象中的斥责目光，我仿佛看见他们的内心正在飞速思考着带我一起去的办法。他们并没有丢下我，尽管两位熟识老师的言语中带着斥责的意味，但我清楚他们也是因为担心才这样的。是向风老师出面说情，我才顺利进站。我这次真是丢人，以后无论做任何事都要细心，切不可丢三落四、马马虎虎。

第二件事是在武汉夜游江滩时，我遇见了一个老人，一个正在行乞的老人。

我至今还记得那个老人的衣着、眼神、身影，他穿着灰蓝色上衣（里面包得严实，也许是蓝色的，只是由于太脏罢了），黑色的裤子，灰色的老鞋，一手拄着拐杖，一手拿着铁皮碗，身边的椅子上放着几张报纸。脸上的皱纹很多，让人一眼看去便能直视到他的目光，他的眼中闪着祈求的光，饱含着种种莫名的情感，令人伤感。走过他的身旁时，我掏了掏荷包，还有三张钱币，我犹豫了，便错过了这个机会，我很懊恼为什么要犹豫呢？回到旅馆后我越想越后悔，为什么没给那个行乞老人一点爱心呢？

在这瞬间我想到了一件使我更加后悔的事——我正在接受别人

的帮助，我为什么就不去帮助别人呢？

后来有人跟我说：“你想到的瞬间，就开始向帮助他人的那个你转变了。”

对此我一笑而过，我暗下决心，一定要努力读书，用自己的能力去帮助需要帮助的人，成为一名无私奉献的人。

我们是贫困的，但只要我们愿意努力，就有机会改变命运。

我非常感谢麦田带给我们的资助，也非常感谢他们让我明白没有永远的贫困生、只有不努力的人。

（武汉麦田麦苗班　丁斌）

05 等到校园积雪满地，请你来玩吧

听，雪落下的声音

“我慢慢地听雪落下的声音，闭着眼睛幻想它不会停。”这首《雪落下的声音》以优美的旋律歌颂了柔情似水的雪。

轻轻地，一朵雪花落在我的掌心；静静地，这朵雪花在我掌中融化成水。与这朵雪花的相逢仿佛在前世就已注定，我痛并快乐着。明明气候是那么寒冷，落下的声音那只是叮咛，纵使将此生的泪流尽，也不能相信，这朵雪花竟如纸般薄命。

雪地

三年级时，我的爷爷就去世了，满天飞舞的雪花像是在为爷爷默哀，落在地上便消失了。爷爷的生命如同雪花一样脆弱，离开了美好的人间仙境，也离开了我们。爷爷最后的遗愿就是希望我和哥哥努力学习，健康成长。他还说会在天上看着我们，保佑我们。爷爷下葬时，我一边哭，一边看着漫天飞舞的雪花，对着上天发誓，努力读书，考取大学。

从此，我和雪花就有了一个约定。

听着雪落下的声音，借用一首歌来表达自己的心意。我爱雪，我爱雪的眷恋大地；我爱雪，更爱我爷爷。

今天大雪纷飞，我和同学们快乐地迎接着它们。虽然转瞬即逝，但它们仍像一个个小精灵一样，蹦蹦跳跳地落下来，带给我们快乐，让我想起我和雪花的约定。在这个美好的年代里，我要好好学习，每年下雪的时候就是检验我学习成果的时候。在过去几年里，我只是合格。我相信，今年能变成优秀。

面对明年的地生中考，我有勇气也有信心考出我满意的分数。在今年寒假期间，我会认真复习七年级和八年级的地理和生物，把不懂的知识理解性记忆，或者在网上找相关的题目来做。然后在语数外三门主科上下苦功夫，多背古诗文，灵活运用数学公式，记忆英语单词，掌握语法。打好扎实的基础知识，争取不在这方面扣分。希望在临近的期末考试中，我能取得优异的成绩。

我静静地听着雪花飘落的声音，闭着眼睛幻想它不会停。睁开眼睛，雪花飘飘洒洒，落在地上，也落在我的心上。

（金地物业麦苗班　刘艳玲）

06 有些记忆是永远都不会改变的

一段珍贵的经历

有一段经历值得我永远回忆，因为在那个时候，我树立了目标，也找到了自己的方向。

利川麦田志愿者精灵与麦苗班孩子

那是在六年级即将放暑假时，我们听到了麦田走访的消息，当时什么都不知道，便大大方方地跟志愿者一起走。

我那时非常自卑，不敢与人交流，因父亲患病，母亲离家出走，抛弃了我和父亲。

看见别人放学后，家长亲自来接，那幸福的一幕总是让我羡慕。看着别人的母亲拉着孩子的手，我总会想起自己的母亲。妈妈，你为什么要走？为什么我不可以与别人一样有个幸福的家庭？看着一个个都有疼她爱她的母亲，我总是会流下眼泪。

有人说母亲很严，不自在。如果我的母亲在家里的话，我什么都愿意去做。我有时不断幻想着我有一个母亲，她对我很严格，但我很开心。可是这一切仅仅是幻想而已。

因此，我从小特别压抑，总觉得自己低人一等，不敢交朋友，不愿表现自己，受了委屈也不敢和同学、老师、家长说。我有一个哥哥，他对我特别好，我怕他知道我自卑以后为我担心。哥哥本来就负担很重，一要供我读书；二要成家立业；还要顾及父亲。

就这样，我一个人没有方向地走了下去。后来，我为了让哥哥以我为豪，便一直努力学习，但并不顺利。每一次失败，我都无地自容，越来越自卑。

麦田走访时，志愿者一出校门便亲切地问谁家最近。她们的声音温婉，极具亲和力。当时我胆小，便先一同去了别人家，恰恰与我家位置相反。到我家必须先回学校，就这样我踏上了一段让我永远无法忘记的路。

我们首先经过白竹坝，在路上我看见一只兔子撞死在树上，它的尸体倒在血泊中。我悲从中来，泪水长流。

我觉得此刻的我就像这兔子一样处于黑暗中，虽然身体还在，孤独伤心和自卑渗透在我的每个细胞中，我总是因为一些小事就自卑。

这时，我丝毫没有觉察到志愿者已把目光投到我的身上。接着她们也停下脚步观看，我却未发觉，等我反应过来，她们才开始走路。一位姐姐很关心我，问道："你刚才怎么了？"我小声地回答："我想起了一些事，我家庭情况不好，我父亲……"姐姐听完抱着我说："小妹妹，没事，你一定要坚强！"从小到大，没有人这么鼓励我，我感动得热泪盈眶。姐姐的话让我自信大方多了，我和姐姐手拉手无话不谈。我笑了，从小到大还没有这样开心地笑过。

志愿者问我家在哪里，我说在学校门口的另一边。志愿者叹着气说："你怎么不早说，怎么这么傻呀！"我看着她们，心里却特别开心。我觉得与志愿者一起，是一场很棒的旅行。

返回学校，下午才去我家。当时我不知道麦田计划是什么，姐姐详细地为我介绍。当我了解麦田计划后，也树立了当志愿者的志向，我坚信自己一定会成功。

从那以后，我就成了一名麦苗生，变得开朗起来。为了实现理想，我全身心地投入到学习中。

（金地物业麦苗班　黄娇）

忆夏日夕阳

夏日黄昏，夕阳毫不吝啬地放射出灿烂的光芒，给街上的行人、路边的树木、楼房都镀上了一层金色，还给我们带来一种特殊的感觉。

夏日的假期里，我有幸参加了金色筑梦夏令营活动——武汉之行。

在武汉，我们所乘坐的旅游车经过长江大桥时，夕阳还未完全消失，还剩下一小半露在天边，那小小的一半太阳，倒映在长江的水面上。

霎时，整个江面似烈火般的红色。在红色中，又夹杂着些许橙黄，江上还有一些船只稀疏地停泊着。晚风吹来，整个江面活跃了，火红色的江波反射在我们的脸庞上，给每个人的脸贴上红粉，仿佛红透了的苹果。

在桥的两侧，我看见许多老人迎着夕阳，看着江面不知在与周围人谈些什么，但从他们的神情上来看，他们一定是高兴的、愉悦的。当车驶过大桥，继续向前方驶去时，我看见一路上有许多人在散步，或是下棋。而下棋的多半是一些年过花甲的老人，散步游玩的大多是小孩子或一些情侣，他们迎着夕阳，感受着时不时吹拂过来的一阵微风，释放着自己工作一天的压力。

夕阳的余晖在一点点消失，透过茂密的树叶，似乎还有一点属于夕阳的光辉。青少年是祖国的花朵，是祖国的希望和未来。毛主席说："你们是早晨八九点钟的太阳，希望寄托在你们身上。"是啊，既然那些早已年过花甲的老人可以与夕阳为伴，让晚年闪闪发光，我们又为何不能以朝阳为友，砥砺前进，让青春之火熊熊燃烧呢？

回忆夏日的夕阳，我脸上不禁浮现出笑意，迈着沉稳的步子，迎接明天那明媚的朝阳。

（金地物业麦苗班　李丽）

终于下雪啦

下雪了！下雪了！终于下雪了……

今天早上晨读时，六年级的小朋友大声地叫喊着。

雪花像鹅毛一样，慢悠悠地往下降落，也像柳絮一般漫天飞舞。不一会儿，屋顶白了，可飘落在地面的雪花，瞬间就融化了。

我把手伸出栏杆外，一朵朵雪花飘到我的手中，来不及与她说话就融化，只留下一滴滴小小的水珠。雪花的形状不规则，有的呈菱形，有的呈针状，有的抱着一团，不知具体像什么。

同学们跑出教室，到操场去迎接雪花，高兴地在雪中转圈。老师掏出手机拍照片，发抖音，不亦乐乎。

我望着雪花出神，想起童年时玩雪的情景“忽如一夜春风来，千树万树梨花开”。我和弟弟摇树枝、堆雪人，学着少年闰土捕鸟，与妈妈去菜园找白菜，过水沟时不小心一脚踩空，冰冷的雪水打湿了我的棉鞋，妈妈疼爱地把我背回家，打来热水暖和我的双脚，生怕我感冒，调皮的弟弟抱着一团雪在我眼前晃来晃去……

慢慢地，雪势变小，温度降低，以为雪会停止，心里有点失望。刚走进教室，又下起大雪，比刚才的还要猛。大片大片的雪花抱团而下，也许是因为雪花觉得太冷就抱团取暖吧，或许是在空中抱团游戏吧！

这场大雪持续到中午才减弱，地面到处是积水，如下了大雨。今年的雪下得很晚，记得以前国庆不久后就下雪。

今年呢，快到元旦才下第一场雪。有人说因为生态环境遭到破坏，极地冰川迅速融化，全球气温变暖，雪就下得越来越少，有的地方甚至好久都没下过雪了。

所以，我们要努力保护生态环境，阻止气温变暖，减缓冰川融化速度，让雪姑娘如期而至，给我们的生活带来快乐。

（金地物业麦苗班　李扬扬）

07 所有再见，都是一次温馨的邂逅

蔚蓝的天空下

“天空是蔚蓝色，窗外有千纸鹤，陪我弹琴写歌，每一分每一刻，写下了一首歌，是送给妈妈的……”听着前段时间网上特火的《MOM》，我的脑海里浮现出一片蔚蓝色的天空。

10月6日对我而言是很特别的一天。正在放国庆和中秋假的我，迎来了一个个熟悉又陌生的面孔。熟悉的是他们那橙色的身影，陌生的是这次来访的并不是向凤姐姐。可是，当那个姐姐拉起我的双手时，我又觉得熟悉得不能再熟悉了。

回想2018年的夏天，那是大家公认最美好的一个夏天，我也是这么认为的。

2018年，他们刚来，我们也刚好认识了。回想起来，就这样过完了三个夏天。时间真快呀，昨天，刚看完晚霞，一闭眼，再一睁眼，又看到了朝霞。

不一会，山上飘来乌云，随即下起了蒙蒙细雨。姐姐们到的那会儿雨又停了，她们就像雨过天晴的一道道彩虹，美丽又温情。

来了，来了，姐姐们真的来了！

她们拉起我的手走进屋里，亲切地问道："最近学习怎么样呀？适应初三的生活吗？学习有压力吗？……"由于疫情，她们有半年没有拥抱过我了，没有与我说说话、谈谈心了，我用"一切皆好"来回答。接着填写统计表，然后畅聊。

"你想考哪个高中？"姐姐问。

"我想考一中！"

"你害怕中考吗？"

我想了想回答道："当然害怕呀！我的确害怕考试，我更害怕考不好，考不上自己想去的高中，害怕备考过程压力过大，会因为某个知识点而放弃、哭泣、丧失信心……"

姐姐说："不要给自己太大的压力，定一个切合实际的目标，永远不要放弃，不要因为某个小事情而伤心、狼狈。就像泰戈尔说的，'如果你因失去了太阳而流泪，那么你也将失去群星了。'所以不要有压力，尽自己最大的努力，不要有遗憾就好。"

姐姐这些话给了我莫大的鼓舞，我想今后我一定不会因为错过太阳而哭泣，因为我知道，即使错过了太阳，还有晚上的月亮同我一道。人的一生会遇到许多的风风雨雨，只要我们用乐观的心态去面对，一定阳光明媚。

闲聊了很久，似乎快到饭点，我和爸爸想留她们在家里吃饭，她们硬是要走，我们也没留住，最后还是走了。望着她们远去的身影和那小车渐行渐远的影子，我沉默在蔚蓝的天空下。

老师说，这是麦田志愿者最后一次回访，我们以后再也见不到她们了。她们这一走，可能就是永别。我在风中沉默着，幻想自己化作了一阵风，紧跟着她们。

我的心飞起来了，在蔚蓝的天空下，我身穿麦服，走过田野，去牵手贫困山区的孩子。

（金地物业麦苗班　贺林燕）

我心中的橙衣天使

10月6日是一个特别的日子，因为箭竹溪街上以及麦苗生的家里都出现了一群橙衣天使。他们穿着一件特别鲜艳的衣服，衣服上有一段清晰的字："谢谢这些孩子给了我们一个表达爱的机会！"

10月5日的晚上我很兴奋，无法抑制激动的心。我双手抚摸着干净整洁的麦服，一段段回忆涌入心头，我觉得那件衣服就是我的

2020年麦苗班第一次全体回访

宝贝，是我成长的标志。

成为麦苗生不知不觉快三年了。时间总是过得好快，因为疫情，我和他们很久没见面了，我觉得好像过了一个世纪，因为对他们的思念和期待见到他们的愿望很强烈，是那种发自内心的。

看着麦服的每一个地方，从内到外，突然视线朦胧，我用手轻轻擦拭才发现，那是泪水呀。你为什么要出来呢？这种感觉不是委屈不是伤心，而是欣喜、是感动、是期待。

手机叮咚一声打破了这种境界，拿起手机一看，原来是同学群发来消息。一个同学问："请问明天麦田志愿者要来吗？"我看了看回道："嗯，是的。"这个问题加强了我的兴奋，我觉得自己要跳起来了，时间快接近10点，我开始洗漱，然后准备上床睡觉。

看着我心爱的梳子，它是麦田志愿者中一个姐姐送我的珍贵礼物，蓝色，没有花纹。那是六年级下学期，麦田志愿者和我们结缘的时候才拥有的。我很喜欢这把梳子，以至于我每周都会把它带到学校，也总是把它洗得干干净净。它虽然比不上黄金之类的东西，但是在我的心目中，它甚至与很多珍贵的东西一样，和麦服一样，它是我进入麦苗班的一个标志。

慢慢地，我又看见桌子上那本英语词典了，那也是六年级的时候那个姐姐给我的。我虽不知道她的姓名，但我记得她的样子，我希望能再一次见到她，她给了我好多东西，也给了我很多的安慰。

我真的好想她，但是至今还不能见到她，我希望我可以尽快见到她。她可能不记得我了吧，也可能她现在太忙了吧，我不知道，但是我希望有一天我能再见到她。过了许久我才缓过来，往床上一躺才发现已经12点了，我想着要赶紧睡觉，却怎么也睡不着，翻来覆去就索性发了一条说说，才终于入睡。

10月6日清晨，我被6∶30的闹钟吵醒。我立马起来洗漱，并把家里里里外外打扫一遍，开始做饭。做好饭后我就出去跑步，山坡下是一条新公路。下雨了，山坡上到处是泥泞，我一个劲儿地往上跑，身上到处是泥浆。

八点半左右，黎校长打来电话说志愿者就要到了，还询问了我家的具体位置。我很兴奋，回答之后特别开心，就叫爸爸起床，端出刚刚下好的面条让他吃，我一时兴奋竟然忘记了吃早饭。不知什么时候黎校长打来了第二次电话，似乎等了很久，我便跑出去迎接，外面雾蒙蒙的，下着细雨。

望见路上的行人，抑制不住我那颗兴奋震撼的心。啊！那是我许久未曾看见的颜色了，一群风雨中的橙衣天使，一瞬间牵动了我的心，多么鲜艳的颜色啊，就像是射入内心的一束橙色的光，温暖柔情。

我的眼泪快控制不住了，但我还是努力地擦干，继续走向他们。在雨中他们一步步向我走来，我的心也一步步跟随他们的脚步。不知什么时候，我的心好像有一团热血，就是那种特别震撼的神奇暖流。再近一点，再近一点。

啊！我看到他们了。

我把尊贵的客人带到家门口，他们中的一个哥哥突然问我："黄娇你还记得我吗？"我说："记得，但是很久了，印象不是很深了。"一个叔叔也来问我，我太兴奋了，不知怎么的就不记得了，到现在我才回想起来，他就是我六年级时来走访的叔叔啊，我当时怎么就记不起来了呢？现在回想起来好遗憾，要是我当时想起来，他们会不会更开心呢？

到家后他们开始询问我的考试目标，我说目标是五中，黎校长说你把一中定为目标吧？那一瞬间我觉得压力很大，麦田志愿者们看出了我的顾虑，就开始从心理方面疏导。黎校长热情地告诉我该如何应考，把每科应该如何做的方法告诉我，我增加了好大的自信。

他们鼓励我说："无论如何都不要自卑，要好好学习，要自信。"他们希望有一天，我能自告奋勇地说："我真的从自卑中走出来了。"

时间过得很快，他们要走了，我依依不舍，鼓起很大的勇气说："可以抱一下吗？"他们每个人都给了我一个热情的拥抱，我很开心，也很快乐，打心眼里地特别想哭，但是我不能哭，我应该坚强一点。

他们似乎看透了我的心思，拿出手机让我加微信。我的心里有一种很复杂的情感，那是忧伤和快乐。听说这是最后一次走访了，我不知道他们还会不会来看我们，但是我还是舍不得他们。他们走了，看着他们的背影，我说很想送送他们，但他们却直接不让我送，怕我感冒加重。

目送着他们离去，我泪雨滂沱。他们的背影一会儿就不见了，雨也越下越大，他们走了雨也下大了，我好舍不得啊。

快到中午，我开始做饭，不经意间切到了自己的手指头，但我没有觉得痛，我还沉浸在与志愿者在一起的氛围中。

那一群橙衣天使给了我信仰和力量，期待再次见面。不管怎样，我会努力学习，也要成为橙衣天使。

（金地物业麦苗班　黄娇）

难忘的陌生人

国庆期间，我因母亲生病，主动放弃了八天的假期去医院照顾她，陪她说话解闷，陪着她做手术。

在母亲要做手术的前一天晚上，我如往常一样扶着母亲去医院附近巷子里的小餐馆吃饭。母亲说她想吃炒豆皮，于是，我就跑到这个小餐馆的厨房门口替母亲点了一份炒豆皮。我不饿，所以没有点餐。然后，我就立即走回了母亲身边，拿着手机，给父亲回消息：“我们正在馆子里头，饭一会儿就来了，爸爸，你们吃了吗……”

“来，快吃，这里有啤酒，来，干一杯！”邻桌的几个中年人笑着说。我看向他们，他们身后是一些工具：大锤、电钻、钢钎……突然想起病房下面正在修建的大楼，他们这几个中年男人应该是修建这栋楼的工人吧。

白天冒着风雨辛苦劳作，晚上聚在一起喝口小酒，吃口热腾腾的饭菜，谈笑风生！

2020年麦苗班第一次全体回访

我想，父亲和那些叔叔伯伯应该也是这样吧，虽然白天很苦，但是到了晚上坐在餐桌旁，与亲人互发消息、互通电话，心里一定是美滋滋的吧！

“来了，你要的炒豆皮来了。”老板娘面带笑容，端着炒豆皮向我们走来，把炒豆皮放在桌上，手指快速地摸着耳垂，笑着指了指盘中的食物：“慢慢吃哈！”

“老板娘，过来一下。”邻桌的一个人朝着老板娘挥手，和老板娘说了些什么，老板娘也跟着回应了些什么，接着就回厨房忙碌去了。

“丫丫，喊老板帮忙拿一个碗来，你也吃点。”母亲看着我，指了指盘中的炒豆皮。

“不用，我不饿，你快吃，不然一会儿就凉了，吃了拉肚子。”

母亲看着我，随后又把目光回到了盘中，拿着筷子继续吃。过了一会儿，母亲说肚子不舒服，叫我去向老板要套餐具打包，说是怕浪费了。

结账后，我一手提着打包的豆皮，一手挽着母亲，刚走到店门口，就被老板叫住了：“等一下，你们还有一份炒豆皮没有带走呢。”

我连忙解释道：“我们只点了一份啊，况且也只给了一份的钱啊。”

“这是那桌的大哥帮你们点的，已经付过钱，你们只管带走就行了。”老板娘笑着说。

“是啊，这钱我们已经付了，你带去吃就是了。”邻桌的一个人一只手握着酒杯，一只手比划着坐在板凳上说。

“那怎么好意思呢，我们点一份是因为她不吃，我又不舒服，吃不完。这不，这份都没吃完。”母亲看了看我，又指了指我手中的炒豆皮说。

“我就说了她们吃不完，您还坚决要点。”老板娘看着他们说。

“没得事，这也是我们的心意，我的家人也被别人帮助过，我理解你的感受。”

顿时，我的喉咙像是被什么东西卡住了，有一种说不出的感觉，眼泪也从眼眶里流了出来，急忙转过头去。窄窄的巷道路灯闪烁，天上下着细雨，落在头上、衣服上……来来往往的人影在小巷中穿行。

“谢谢，谢谢大哥您了！”母亲在向那些好心的陌生人道别，我也急忙擦干眼泪挥手告别：“谢谢，谢谢叔叔伯伯！”

第二天下午，我送母亲进了手术室，不久就出来了，医生说不是很严重，调养几天就没事了。

还没有放假的时候，老师就告诉我们，假期里麦田志愿者会去每个麦苗生家里回访。虽然我因母亲生病告诉老师我不在家，但是心里还是不舒服，像是被一块大石头压住了，久久不能平静。

10月6日中午，和我一样是麦苗生的同学给我发信息，问我在哪个医院、哪栋楼、第几楼、哪个病房？说麦田志愿者要来医院看望我和母亲。我问他们是什么时候到，她说下午来。我既激动又担忧，担忧他们对我这样好到底值不值得？

到了下午，那位同学给我发信息：“我们到了，你们是不是在仁心楼？我们进不去，你下来吧。”

随后，我就请邻床的阿姨帮我照顾母亲，我戴上口罩就出去了。到了楼下，我看见了穿着橙色麦服的志愿者，急忙上前打招呼。一个阿姨紧紧抱着我，问我母亲怎么样了，作业写完了没？她和一些志愿者还问了我一些别的问题：身高体重、兴趣爱好、理想高中和大学等。他们送了我一盒月饼和一个书包，还给我发了麦苗补助基金。

虽然我们都戴着口罩，但我知道她们全程都面带微笑。在走的时候，阿姨牵着我的手，她看着我，我也看着她。她眼角上扬，眼神里溢满爱的光芒，我感到很温暖，很满足，很激动!

成长的道路上，会遇到很多的陌生人。我非常感谢在餐馆遇到的好心工人，感谢在生活和学习上帮助我们的麦田志愿者，他们做的事情是伟大的、神圣的。

从今以后，我要更努力地学习，长大后成为一个有爱心的人。

（金地物业麦苗班　曾小丫）

08 我们的青春纪念册

青春是一场旅途

我乘着人生的列车去往一个未知的旅途。这不，现在这辆人生的列车已经在“青春站”停靠。我下了车，开启了这趟青春旅行。

对于身为一名初三学生的我而言，随之而来的困难就是中考。

其实在八年级下学期的时候我们经历了一次地生会考。但是偏偏在那年，我们碰上了新型冠状病毒肺炎疫情，不仅没能热热闹闹地过年，还只能待在家里上网课。

上了四个月的网课后，学校终于在6月30日复学了！虽然只有九年级和八年级复学，但是对我们来说也是一件值得高兴的事。唯一不好的就是要连续20天不能回家，不能迈出校门，还要用手搓洗衣物。

因为是特殊时间，所以要分班级、分时段返校。还要戴口罩、消毒。进学校时，自己把被子和衣物等日常用品带进学校，家长只能送到校门口，还好有九年级的哥哥姐姐来帮我们搬东西。

到了下午五点钟，我们听到老师在广播里说回教室的通知，陆陆续续地回到了久违的八〇一教室，坐在久违的课桌前，向四周的同学询问假期的生活情况。

同学到得差不多了，班主任走进教室，站在黑板前用戒尺敲了敲前面的讲台，发出啪啪的声音，同学们都识趣地结束了正聊得火热话题。

“你们现在已经是八年级下学期的人了，就要面临地生会考了，只知道讲话！”李老师盯着我们说。

然后，李老师单独和班长说了些什么。过了大概十几分钟，值班老师叫我们每个班派几个人去食堂抬食物和餐具。这时，大家都很开心。因为在此之前，我们都是自己去食堂打饭吃，自己排队洗碗。

晚上，也没有开始复习，而是检查寒假作业，讲解复学要求。比如学校要求带表册、复印件，还询问我们有没有和有感染风险的人接触过，有没有做核酸检测，等等。

第三节晚自习下课后，回到寝室洗漱完毕，把一整天的好心情都带进了被窝与梦乡里。

第二天早上，六点钟就被起床铃吵醒了。邻床的人叫我和寝室的其他人起床去教室上早读，新的一天开始了。

我们飞奔进教室，其他同学也陆续跑进教室，坐在凳子上，嘴里喘着粗气。这时，李老师也走进教室，站在讲台旁讲今日早读任务。

这些天，地理老师和生物老师一直在给我们复习。就这样日复一日、周复一周，连周六周日也在讲课。周五下午洗衣服、洗头，晚上又根据老师的安排复习。

第一周的早读，我们不是讲闲话就是在讲闲话的路上。有时发呆，有时嘴里哼着歌，就是没有几个人在好好复习。

后来，学校为我们举办了地生模拟会试。我们考得很差，两位老师对我们说:“你们现在努力考好，中考时就多了一分胜算。现在努力多考1分，在九年级的中考中，就能超过几十个人，考到一个好高中，以后再考到一个好大学，再找个好工作，不好吗?”

是啊，夜暗方显万颗星，灯明始见一缕尘。多一分还是比少一分好。说不定就是因为多考了这一分而进入到自己心仪的学校了呢？一分又一分，零星的变好最终也会像星河一样闪耀。

后来的十几天里，我们依然会开小差。但是过一会后，思想就又回到学习上，继续复习。

终于，到了地生中考这一天，我们的考试在下午。午觉后，用冷水洗脸，从同学那里借来了风油精，在太阳穴处涂了很多。就怕打瞌睡，影响考试。

考试时，因为怕在答题卷上写错了不易改正，所以就先写在试题卷上，再转填到答题卷上。地生会考之前，老师也会让我们做许多卷子，即使有许多题目不一样，但非常熟悉，有一种下笔如有神的感觉。

考试结束后，搞好卫生，我们就被各自的亲人接回了家，结束了这二十天的奋斗时光。

在这二十天里，从开始的懒散到后来的紧迫，从开始的漫不经心到后来的刻苦奋斗。因为心里有梦，所以暗里有光，遥遥无期那又怎样，踮起脚尖，就更接近阳光。最后在我们的努力下，这次考试取得了理想的成绩，让我们对即将到来的中考多了一分自信。

人从幼稚到成熟，是生命的一种渴望与追求。所以，年轻的我们应坦然面对成长岁月中的坎坷和磨难，走过风霜雨雪，等待我们的将是那缤纷的彩虹。

青春的旅途还没走完，让我们共同期待下一个节点吧！

（金地物业麦苗班　曾小丫）

风犬少年的天空

青春年少，我们或孤独，或疯狂，又或迷惘。但无法否认的是，我们都还是少年。

年少的我们孤独过。伤心时，身边没有一个可以安慰自己的人。难过时，身边没有人可以倾诉。走在热闹的街市上，只有自己孤身一人，仿佛与整个世界格格不入。漆黑空旷的深夜里，似一只被人抛弃的小兽，独自舔着伤疤。

幸运的是，我遇见了一群会在我伤心时默默安慰我、难过时听我倾诉，在热闹的大街上与我手牵着手扎进拥挤的人海的人。他们在黑夜里发出微弱的光，照亮那一方小小的世界。

懵懂的我们疯狂过。像风一样拼命地呼啸着，将树枝刮断、吹响，向周围的一切表达我们的不满。

我们也曾似野狗一般，向一切对我们表达友好的人露出尖利的牙齿，冲着他们叫嚣，直至将他们逼走。如今，我们又似初展羽翼的雏鹰，想要冲破一切，不管不顾地飞向云霄，即使我们羽翼还未丰满，也阻止不了我们飞翔的心。

开始明事理的我们迷惘过。在叛逆过后，我们渴望未来，却又因不知努力的方向而止步不前。我们期待着有人出现为我们指点迷津，指明努力的方向。

后来，我们有了努力的方向，可却又觉得未来对我们来说充满未知的危险，不敢奢望未来。可是总有那么几个人，会在你感到迷惘、感到恐慌时出现，成为你的人生导师，为你答疑解惑，让你豁然开朗，又让你对前方充满信心和前进的动力。

青葱般的年华，花一样的年纪，我们孤独过、疯狂过，也迷惘过。我们曾是风犬少年，那一方小小的天空，曾是我们的全部。当我们不再孤独、不再迷惘时，我们就下定决心努力，不再畏惧任何流言蜚语，任何艰难险阻。

只要你下定决心去做，这世上没人能阻碍你。就像毛爷爷说的："世上无难事，只要肯攀登。"当你决心已下，所有的流言蜚语终会变为你成功的助力。

你要记住，每个人都曾疯狂过、迷惘过。当曾经疯狂的人不再疯狂，迷惘的人不再迷惘时，那就说明他们已经积蓄了足够的力量，等到合适的机会，一飞冲天，向所有人展示自己早已丰满的羽翼，骄傲地在空中自由翱翔。

我之所以努力，是不想在自己年华已逝之后鄙视自己。我们都是风犬少年，拥有风的力量，只为在某一时间，吹动树枝树叶，吹起一切，在只属于风犬少年的天空中荡起回声。

我将永远奋发，披星戴月，披荆斩棘，奔向理想的彼岸。

（金地物业麦苗班　李丽）

麦田点滴

提起麦田，许多人会想，麦田不就是田野吗，这有什么好说的？如果你们是这样理解的话，就大错特错了。我所说的是麦田计划的志愿者，那些叔叔阿姨们。

直到现在我都还清楚地记得他们身穿橙色衣服，衣服后面写着：“谢谢这些孩子给了我们一个表达爱的机会。”叔叔阿姨们，你们不应该感谢我们，是我们应该感谢你们才对。

你们用自己的行动来支持我们学习，为我们的中考助力，为我们开展课外活动，带我们玩游戏和去武汉旅游。这桩桩件件怎能不让我们感谢你们呢。

在去武汉旅游的时候，你们尽心尽力照顾我们，用自己的微笑和行动来温暖我们的心窝。你们带我们去武汉大学、博物馆、美术馆、科技馆、金地物业，让我们这些大山的孩子也能去看看外面的世界。

俗话说得好，大千世界，无奇不有。对啊，外面的世界千千万，而我们却拘泥于这小小的地方而满足，不去奋斗，不去努力学习。但跟你们在外面走了一圈后才发现，我的眼界实在太小了，现在我要努力学习，要对得起你们对我的期望，不能让你们的努力白费。

在学校拓展课外活动的时候，你们知道吗？你们来学校为我们上课的时候是我最快乐的时光。那是一段让人难忘的经历，你们在百忙之中抽空来为我们上课，让我们感到万分荣幸。

要知道，你们也是有工作和家庭的人，但你们仍然在百忙之中抽空来为只有一面之缘的我们上课，我们不应该感到万分荣幸吗？

你们送给我们的图书太好看了，书刚到我手中的时候，我的心情激动无以言表。

学习累了的时候，看看课外书是多么的幸福。要知道现在的书是多么的贵，一套书就上百元，对于一些普通家庭来说，是比较奢侈的。你们为我们提供图书，为我们营造良好的学习氛围，让我们安安心心地学习。

今天看到作文考试题目的时候，这些记忆像潮水一样涌入了我的脑海。我也不知道为什么，反正我看到题目就想起来了。

时光转瞬即逝，现在的我已经九年级了，可能日后就见不到你们了。想想真是可惜啊，如果时光可以永远停留在那一刻，让我们的时光永不流逝，让我们的一切重新开始。

但我知道这是不可能的，我只希望中考的时候可以考出好成绩，不让你们失望。

麦田，简单的两个字，却影响了我的一生，我永远都会记得你们。等我长大了也要当志愿者，资助别人家的孩子。

与麦田的回忆点滴成画，我要用笔描绘那动人的诗篇，你们为我加油吧。

（金地物业麦苗班　柳婵娜）

09　我是漂亮小女生

我是漂亮小女生一

漂亮是什么?

在每个人心中，对某一个相同的事物都有不同的认识。漂亮，这个抽象的名词却是个例外，每个人对漂亮都有着近乎相同的认识：一切令人感到身心愉悦的美好事物都是漂亮的。

似乎是命中注定，我来到这个世界，就是一个女生，而且是一个独一无二的女生。而女生这个身份，是父母给我的，让我体味生命的独特，追寻生命的意义。

我是一个漂亮的小女生。椭圆的脸蛋，秀气的鼻子，一双灵动的眼睛，再加上一头洒脱的短发就构成了我。我个子不高，只有一米五，但身高阻止不了我胸腔中的熊熊烈火，我整天上蹿下跳。奶奶总说："你整个就一泼猴。"就连外婆也说："你一天跳进舞出的，哪还有点女孩样呢?"每当我听见这些话时，总会反驳一句："我哪里

注：2020 年 12 月 4 日，麦苗班的女生们上了一堂健康课堂，以此为题，作出本期文章。

不像女孩子了？您看看这头发，男孩子能有这么长的头发吗？”如果外婆还要说，我就会甩甩头发，一转身，留给外婆一个潇洒的身影，大有一种你能奈我如何的感觉。

我是一个乐观的小女生。有人经常跟我说："怎么就没见你难过呢？"这时，我就会想：咦，好像是吧！我一直都觉得自己是个“乐天派”。但这并不代表我不会难过，只是在我难过时，我总会告诉自己：可以自责，可以伤心，也可以放肆地哭，但是只能哭一小会，而且也要长久铭记。比如在七年级下学期，有一次考试我考得很差，当时还在担任我们历史老师的冯校长找我谈话。他说："考得差的原因想过了吗？从这次考试中，你懂得了什么？找到自己的不足之处了吗？……”冯校长与我说了很多，我也大致都听进去了。可是，我不是没有想过原因，甚至在知晓成绩的当天晚上，我还蒙着头大哭了一场，只不过声音很小，就连睡我旁边的同学都没有发觉我哭了。第二天早上，我还是该笑就笑，丝毫看不出伤心痛哭的痕迹。

我也是一个脾气比较暴躁的女生。别看我个子不大，乐观时，我有着与外貌极不相符的脾气。有一回，班上一个同学不小心碰掉了我同桌桌上的东西，没捡起来就走掉了。我当时火气一下子就上来了，叫住他："嘿，你这人怎么回事？把别人东西弄掉了，怎么连一个道歉也没有？”那同学看了我一眼，说："大姐，我好像没惹你吧？”“可你把我同桌的东西碰掉了，你不捡没关系，但应该道歉。”我接着说。最终，在一番唇枪舌剑中，那个同学向同桌道歉。事后不久，我也反思，觉得当时自己也有不对的地方，就向那个同学说了对不起，他也说："我是有错的一方，道歉是应该的。如果不是我知道你脾气暴躁，可能真会跟你急。”听他说完，我悻悻地摸了摸头，不好意思地笑了。

这就是我，乐观却又脾气暴躁的我。不过，一定要记住：我是女生，漂亮的小女生。

（金地物业麦苗班　李丽）

我是漂亮小女生二

6月的一天晚上，一个生命悄然诞生，似乎命中注定是位漂亮的女婴。那就是我生命的开始。

从记事起，每逢下雪，我就会在漫天雪地里奔跑玩耍，那也是我最喜欢的季节了。后来我渐渐长大，每到冬季就盼着下雪。我是一位小女生，大概是有白雪公主的美梦吧。

人生碌碌，竞短论长。有人说："风可以吹走一片枯黄的树叶，却吹不走一群花丛的蝴蝶，因为生命的意义在于不顺从。"有时候，我也在想：到底什么是生命的意义呢？漫长的人生旅途，却已告诉了我答案。其实生命在诞生的那一秒就已经有意义了，可那也只是刚刚开始。生命的意义不是在于虚假的面孔每天的愚笨，是要用心、用脑、用双手去创造，没有哪个人的生命的意义是虚情假意而得来的，也没有哪个人的身体是永垂不朽的。就像我，是爸妈心中的贴心女儿，是外人眼中的听话女孩，真的感谢爸妈给我女孩的身份，让我体味生命的独特，不管生命的意义究竟是什么，我只相信我生命的每一刻都会是有意义的。因为我是漂亮小女生啊！

细长的脸蛋，高挺的鼻梁，略大的嘴巴，身高一米五五左右，还有瘦小的身材，笑起来眼睛能眯成一条缝。这个人就是我了，猜猜我还是什么样子的？嘻嘻！告诉你，我还有一头黑色的长发呢。我爱扎马尾，那样显得精神。这样的我你不能想象出漂亮吗？

要当漂亮小女生，当然也得讨人喜欢呀。我的人际关系还算好的，平时迫不得已的时候，我从不会因为一点小事而斤斤计较，到最后得罪人，生活里不要把自己显得总是那么高高在上、目中无人的样子，这样不仅会令身边的人心生厌恶，还会让他们觉得你是一个娇气的小女生，这样的小女生是没有人喜欢的。周五回家，在路上总能碰到班长，班长隔老远就面带笑容，等到距离近了，便会说道："你才回家吗？路上注意安全呀！"我点点头也微笑着"嗯"了一声，又连声道声："谢谢！"这也让我内心挺欣慰的。今年因疫情在家上网课，晚上不时也会有平时关系不错的同学道"晚安！"，那一刻，同学情变得至关重要了。总之，漂亮小女生人际关系也得处理好哦。能退就退，能让就让，尽量不要起纠葛，是吧？

12月4日，周五，麦苗班"女生课堂"开课了，九年级全体女生参加凌玲老师的"女生课堂"。凌老师温柔慈爱，也是漂亮小女生哦！她分享了与自己14岁女儿之间的故事。凌老师经常给女儿讲述女生方面的知识，比如女生生理现象、防性侵、防拐卖等。在课堂中，凌老师重复最多的一句话："我是真的把你们当作我的女儿看待。"的确不错，课堂中满满的都是"母爱"，凌老师是我的另一个启迪母亲，教我领略生命的意义。"我是爸爸妈妈最相爱的时候来的"，凌老师也多次重复这句话，让我对父母有了新的认识。要想做漂亮小女生，就得先学会保护自己，对网络上的信息不轻信，对周边的人保持警惕，对自己要负责，做漂亮小女生的守护神。一堂课结束了，麦田志愿者还给我们赠送礼物，让我们谨记做漂亮小女生。

我是一个懂事的小女生。今年，妈妈过度劳累，使她身体虚弱，到现在为止，都不能干活。有一段时间，妈妈病得厉害，我真的好害怕妈妈哪一天不在我身边了。我甚至都无法想象妈妈会离开我的那一刻，心里的太多害怕让我变得成熟了。上网课时，手里时时拿着手机。妈妈生病后，我开始放下手机，虽然最初极不习惯，但为了让妈妈早点好起来，我最终彻底放下，尽可能把家里的事安置妥当后，才静下心来看会儿手机，时不时地还会与妈妈说笑，爸爸也被我感染了。妈妈不能干活，爸爸已经苦了好几个月，我真的不忍心让爸爸独自为家庭操劳，我会尽我所能做力所能及的事，帮爸爸减轻负担。今年是我最讨厌的一年，也是我成就的一年，我变得更懂事，也许是改变我命运的一个关键点吧。

我是一个好学的小女生。今年初三了，明年就要面对人生第一次大考。九年级以来，我的愿望就是考进利川一中。也是爸爸妈妈最大的期望。为不辜负爸爸妈妈的期望，也为了自己，我要好好努力，拿下一中！首先我得把学习兴趣提起来，尽管一直以来成绩还算顶尖；其次就是认真听课，理解并记忆老师着重强调的知识点；课后多练多问，增强思维能力；最后就是冲刺，考上一中。加油！

在这个世界上，我虽然做不了太阳和月亮，那就做个漂亮的小女生吧，让生命的每一天都是饱满的！

（金地物业麦苗班　赵慧）

我是漂亮小女生三

漂亮，英文单词beautiful，意思是好看，是夸赞女子的外貌。

我们从妈妈子宫中的一颗受精卵长成现在亭亭玉立的少女是十分不易的，“十月怀胎，一朝分娩”，母亲克服了许许多多的困难，忍受着分娩时的钻心疼痛，让我们安全地来到这个世界上。父母为我们付出了太多太多，我们身上背负着父母对我们的希望，老师对我们的期望，还有自己的梦想，对未来生活的憧憬，还有太多的事物要我们去发现，去挖掘。“有生命，那便是希望”，爱惜生命，让希望永不熄灭。

像冥冥之中的巧合，又像是命中注定的一样。我生来就是一个女孩，有一双明亮的眼睛，上面镶嵌着好看的双眼皮。核桃般大的嘴巴，脸颊处露出浅浅的酒窝。长长的腿凸显出我高挑的身材，配上黑黑的马尾头发，显得我更加活泼。

我是一个调皮的女生，和朋友一起打打闹闹从来不生气，也不太过，每一次都玩得开开心心的。有时候，同学会自恋一点，说自己长得好看，我就会给他补上一句：“人见人爱，花见花开，车见车爆胎”，引得同学们哈哈大笑。在家里，我总是喜欢做完作业后，与父母一起去坡上干活。有一次，我和爸爸妈妈一起去采摘玉米。我在玉米行间跑来跑去，妈妈对我说：“别到处跑来跑去的，小心豁辣子（蝎子）豁到你了又哭。”“放心，不会的！”我高兴地说，就穿梭在玉米地里，没过多久就被豁辣子豁了，眼泪在眼眶里打转。我努力想把眼泪憋住，但它还是不争气地掉了下来。我就跑去找妈妈。妈妈哭笑不得地说：“走，回家用药给你擦一擦，好了，别哭了，下次不要再调皮了。”“哦！”我带着眼泪说。

我是一个善良的小女生，在学校我们都是在餐桌上吃饭，但有些同学把不爱吃的肉、辣椒放在餐桌上，餐后不将其带走，我就拿出卫生纸将肉和辣椒包起来带走，再用另外一张卫生纸将桌子擦干净，后来那位同学表示感谢，我笑着说不用谢。

我是乐于助人的漂亮小女生，我有一个朋友，她有一些自卑，总是害怕惹别人生气。那天她跟我说："我和一个朋友绝交了，连QQ都删了。"我问她是怎么回事，她说那位朋友不想跟她做朋友了，到了晚上，她想着想着就哭起来了。她想听听我的建议，我对她说："不要哭，要冷静地想一想，是不是哪里惹她生气了，而且这也不是你一个人的错，你也不用一个人这么纠结，这么自卑，你也是世界上独一无二的，没有谁比谁低人一等，解除误会就好了，实在不能做朋友，做同学也一样啊，要乐观一点，开开心心的！"她听了我的话也想开了，不再去纠结这件事。慢慢地，她变得活泼了。希望她能越来越活泼开朗，考上心仪的高中。

我们不仅要外貌漂亮，内心也要漂亮，做一个内外兼美的小女生。漂亮小女生，加油哟！

（金地物业麦苗班　刘艳玲）

10 毕业季，三年守望助麦苗成长！

感谢你途经我的青春

青春就像一条河，左岸是无法忘却的回忆，右边是值得把握的青春年华，中间是飞快流淌着的隐隐的伤痛。

生活中，我们会经历太多太多温暖的瞬间。回忆起来，它们就像一颗珍珠闪闪发光。正因为它们途经我们的青春，才让我们忘却了伤痛，又获得漂亮的精彩。

时间如白驹过隙，弹指一挥间。记得刚升入初一的那个初夏，一队又一队的橘黄队伍走进我们的校园。那时我还不懂事，也是到了后来才慢慢了解他们。他们是夏天的风，清透且舒适；是冬天的篝火，热辣且奔放；是春天里的雨，柔软而细腻；是秋天的果实，丰硕且甘甜；他们就像晴天那一抹最亮丽的风景线。

麦田计划在我们这一届成立了两个麦苗班。“麦苗”这个熟悉又亲切的字眼，在我们的脑海中有一定的影响度，它的意义顾名思义就是比喻我们为小麦苗，麦田志愿者用爱心来浇灌我们，让我们茁壮成长。这个过程说长也不长、说短也不短，最美好的不过当下。

2018年的那个夏天，当我蒙着双眼要踏过那摆好的参差不齐的课桌，心中倏然一颤。在我觉得不可能时，一双温暖的手拉住了我，她带领我一步一步走了过去，她的手成了我的眼睛。

每一笔资助，每一堂讲座，每一次家访，在我眼前一一浮现，历历在目。现在回忆起来，是如此的美好。

今天，麦田志愿者又来了。发完梦想基金就合影留念，每个人的脸上都洋溢着灿烂的笑容。之后又为投稿《麦苗文摘》的同学发放奖金，鼓励我们记录成长、描写生活。感谢麦田计划为我们提供写作的平台，让我们把自己的见闻和感受分享给更多的人。

之后，麦田志愿者又找了十多个同学召开座谈会，让大家纷纷各抒己见，畅谈理想。我想说的是："三年前我懵懂无知，对未来充满了憧憬，却又多了一丝担忧。麦田志愿者的出现，让我减少了许多忧虑。他们给予我足够的关心，也给予我锻炼的机会。他们总是用独特的方式表达对我们的爱。他们既平凡却又做着不平凡的事，而现在的我明确前方目标，我会努力去实现它。"

青春，一半坎坷，一半欢乐。而我们总是因为小小的磕磕碰碰忧伤不已，却忘了雨后的彩虹。

在八年级的时候，因为疫情上网课，与在校的学习方式有着很大的不同。一开始很难适应，老师讲的题目听不懂，特别是理科。而家庭条件有限，每次上网课都很不方便。还有很多负面情绪导致我和家人经常闹矛盾，常常感到不开心。《面对疫情，武汉麦田在行动》这篇文章感动了我，麦田志愿者冒着生命危险无私奉献，战斗在疫情防控第一线，身为祖国花朵的我们又怎能被残酷的生活一击就倒呢？我又重新拿起了笔，虽然夜无尽的黑，哪怕我仅有星点般的火焰，也要纵情燃烧。青春本就如此。

感谢你们用特殊的方式来关心我们的点点滴滴；感谢你们不辞辛劳、跋山涉水为我们送来棉被；感谢你们所有的所有，我们也会用我们的方式来回报你们；感谢你们途经我的青春。

我本是在偏僻地方摇曳生长的小草，平凡得不能再平凡，因为有人为我增添阳光雨露。我便努力扎根，努力生长，只为那一瞬的绽放。我想，那时必定无比娇艳。

（金地物业麦苗班　贺林燕）

再次邂逅

记得那个夏天，我们在校园的第一次相见，懵懵懂懂的我不知所措。之后一次次的相遇相识，我们从之前的陌生人变成了今天的好朋友，你们在我的成长中留下了深深的印记。你们就像天使一样，给我的成长增添了一抹绚丽的彩虹。

疫情让我们不能相见，但我知道你们像我们一样牵挂着彼此。听老师说你们周五要来，我十分期待。第二节课是向老师的语文课，正在上《陈涉世家》，突然一串电话铃声打破了课堂氛围。我想应该是你们来了吧，窗外一束束的阳光射进了教室，停在我们身上暖洋洋的。你们就像太阳一样，带给我们温暖和爱。

之后，哥哥姐姐们给我们发了这一学期的梦想基金，还给我们为《麦苗文摘》投稿的同学发奖金。谢谢你们给我们提供平台，让我们能展示自己的才能。之后的一张张合影，每个人的脸上都洋溢着灿烂的笑容。座谈会上，可能因为我们没见过那位张姐姐，感到一丝丝的陌生，有一点点的拘束。但她依旧和我们一起交谈，慢慢地我们交流融洽，感到很亲切。当她问起我们有没有心仪的高中时，我心中已经有了答案。以前我一直认为我考不上一中，现在我坚定了信心，一定要考一中。我也知道考一中没有那么容易，但我只要奋斗过努力过，就不会给自己留下遗憾。成为麦苗生，我学会了很多，也懂得了很多。

问我们还需要什么，我居然不知道怎么回答。因为你们已经给予了我们很多，包括麦服、梦想基金、心理讲座、思维辅导等，让我们的生活多姿多彩。有一个同学提出了需要心理辅导，的确这是一个问题。有些同学面对家长的期望、作业的繁重、考试的紧张，情绪逐渐变得焦虑、烦躁，经常对同学、老师大吼大叫，同学之间的关系不和谐，有的同学甚至变得孤独忧郁，所以，加强心理辅导还是很重要的。

（金地物业麦苗班　刘艳玲）

我的世界有你足矣

很幸运，三年前能够成为麦苗班的一员。你盼望着能够扛过日晒雨淋、躲过风吹霜打、经受冷嘲热讽的一棵小小的麦苗，如今，这棵麦苗长大了。仍然记得那一个共同的名字——麦田守望者，你一步步守望着我的成长，守望着我的未来，唯一的要求就是希望我在丰收的那一天看到更好的自己，收获更多的礼物。谢谢你，让我体会到了不一样的三年和一段美好的人生。世界之大，有你足矣！

2021年3月12日，又一次见到你。虽然在以前的三年里，我见过你很多次，但这一次我才觉得是真正见到了你。三年前，我还是个懵懂的初一学生，什么都不懂，对麦苗班这个名字好像根本就没有清楚认识。慢慢地长大了，原来我的身后还有一个如此伟大的你，陪我见证这一段成长的经历，也是时候醒悟了。那天，见到你身后“谢谢这些孩子给了我们一个表达爱的机会！”我的内心更加肯定了。与其说是一群孩子给了你一个表达爱的机会，不如说是你给了我一个成长的机会。因为有你，我的成长经历里多了一群影子，虽然记不清面貌，说不出名字，却是脑海里最深刻的人，是我最尊敬的人。

周五，我在教室里上语文课。突然，老师的手机响了，我知道是你来了。那一刻，我顾不上手中的书，大脑里飞速运转，想象着与你见面的情形。终于下课了，我的心里更是激动得说不出话来。直至见到你们，我激动的心这才冷静下来。我与同班的麦苗生集中到女生宿舍楼前的空坝上，排队领取你们捐赠的梦想基金。我接过沉甸甸的信封，油然而生感动之情，是什么样的人才会把自己辛苦赚来的血汗钱无条件地捐给别人呢？是什么样的决心能心甘情愿地帮助一群陌生的孩子呢？又是什么样的信念能坚持当初的承诺呢？这难道不值得惊叹，不值得铭记吗？是呀，本该是八竿子都打不着的彼此陌生的人，却胜似自己的亲人。我的眼里装不下所有的人，却也溢出了泪花。因为我相信，有这么可爱而善良的你们，是我这一辈子最值得庆幸的事吧！大家一起合影，我多么希望时间能停在那一刻呀！

座谈会时，我们十几个同学与金地物业的三个大姐姐坐在一起，还有即将退休的李老师。开始大家很拘谨，不敢说话也不敢搭话。渐渐地，大家熟悉了，心情放松了，开始畅所欲言。但我没有，我不大爱说话，但并不代表我不热情，我心里想说的话从不挂在嘴边，只会体现在行动上。原谅我不能像其他同学那样打开心扉畅谈，可能你们根本就不会认识我，但我认识你们把你们放在心里就够了。可能这三年都没与你们说过一句话，也许你们不记得有我这么一个人，我也不出众，不能让你们一眼就记得我。但我知道，哪怕是某一天再也见不上面了，你也会记得我是麦苗班的一员吧。这次座谈会，我虽然没说一句话，可心里有说不完的话，我更害怕以后见不到你们。我们马上毕业，之后各奔东西，再相见真的很难。无论我以后的人生如何，但我的人生里来过你们，这就足够了。时间还是不等人，座谈会一会儿就结束，唯一能留念的或许就是那一张张照片了，每个人灿烂的笑容定格在那一刻，留在那一段回不去的岁月里。

三年了，时间真快，转眼就从一个小矮子变成大个子，一不留意连模样都变了，可彼此的心不会变。在这特殊的三年，我们一起见证成长。三年里，你为我们上课，同我们玩耍，带领我们去领略外面的世界，这些瞬间永远留在我的脑海里，既窃喜又泪目。毕竟在这三年里，有过那么多的笑容与快乐，怎么能说过去就过去呢，怎么能说忘就忘呢。尽管有多么的舍不得，但还是谢谢你们，谢谢这些守望者给了我一个成长的机会。

我不会说话，不管以后能见到还是没缘分再见，就以这种方式和你们说说心里话吧。你们知道吗，其实我也挺羡慕你们，你们能做自己想做的事，不像我每天都被所有的不开心不快乐束缚着，这些就像枷锁紧紧地锁在心里。不知从什么时候开始，我找不到快乐，快乐也不要我了。我每天都是一副冰块脸，也有好几次听到同学说我高冷。其实我也不想这样，对于我来说，在中考前笑和说话都是在浪费时间，有这时间还不如多学点有用的东西。所以，我没有快乐了。可每一次你们来了，我都会觉得很高兴，感觉是很好很好的朋友。就算我不说心事，只要你们出现了，那些心事就不翼而飞。就是很亲切很亲切，亲切到我也不知道是什么感觉了。所以，很幸运能遇到你，让我的成长多了一份快乐。希望你们工作顺利，天天开心。最后几个月，有你陪在身边，我们一起加油！耶！希望我能考上如意的高中，加油！加油！

我和你说的就这么多了，不管今后命运如何，我只知道我很幸运，身后有你庇护着。谢谢你——麦田守望者，等待着我这棵麦苗长大吧！

我的世界，有你足矣！

（金地物业麦苗班　赵慧）

11 写在麦苗班最后的话

想了好久，总觉得如果不留下点什么，似乎会有些遗憾，为了不让自己后悔，也为了给《麦苗文摘》作一个后记，给麦苗班作一个总结，更是为了不给自己留下遗憾，有了此文。

初见

第一次接触麦苗班这个项目，还是在我作为公益全职工作的最后一年，在湘西古丈麦苗班进行项目调研和评估，当时的我也许从未想到，在未来会有一天亲手去一线实施这个项目，只能说，这一切都是机缘巧合。

2017年的时候，那是刚刚回到武汉工作的第一年，但那时候的我还没有加入武汉麦田，直至年底的团队年会，我才第一次出现在麦田的活动现场，在那里又见到了许多熟悉的面孔，PC、柔姐、木子姐，还有君君等，当然也认识了许多新的麦友。从那一刻开始我就知道，在今后的几年里，我一定会拥有更多的朋友，遇到更多好玩的事情，参加更多有趣的活动，还有去完成更多需要去做的事情，因为，这，就是麦田。

到了2018年开春的时候，PC找到了我，跟我说了麦苗班这个项目，希望由我来担任麦苗班项目的负责人，并且花了一两个小时的时间跟我介绍这个项目的资金由来和学校情况等，我已经不记得当时有没有犹豫要不要去接，依稀记得当时比较无聊，然后希望有个事情能够让自己动起来，于是就顺理成章地接下了这个任务。只是当时的我并不知道，后面这个项目会有那么多的事情，会遇到那么多的特殊情况，但是，如果再给我一次选择的机会，我想答案依然是肯定的。

开班

2018年9月16日，恍恍惚惚的我站在学校操场的主席台上，为资助人、老师和麦苗班的学生及家长们介绍我们的麦苗班项目，看着下方一个个陌生的面孔，原本很多准备好的话突然像断片了一样，已经不知道应该说什么了，只能按照脑海里面的腹稿，至于说了什么，已经无暇去管了，只记得脑海里好像松了一大口气，又回想起过去的几个月，此时只有一句话记忆犹新，那就是“终于开班了！”

在一线执行项目和远程监管项目的运营真的不一样，因为后者你无法亲身去体验跟老师和学生接触的感觉，并且也没有亲自去处理那些突发事件而带来的紧迫感。这是我在麦苗班开班以后最大的感触，尤其是利川这两个麦苗班，用当时跟召集人花花聊天时说过的一句话：“执行这个麦苗班遇到的问题比我当初做‘一人一本’项目遇到的问题还要多，还要棘手。”

如果说利川麦苗班一开始的“换校风波”只是开胃菜，那么后续的“资助人撤资”“班级扩建”就只能算是餐前甜点了，只是这个餐前甜点有些难以下咽罢了。

麦苗班这个项目，一般最早确认的是资方，然后是学校，只要资方、学校以及作为中间执行的麦田三方（姑且称之为三要素）这三要素确认了，那么这个项目就可以实施了。但是利川麦苗班就在即将签署项目三方协议的时候，出现了学校拒绝签字的问题，具体原因已经不便深究，而当时的麦苗班就面临了两个问题：① 暂停开班，等待来年寻找更合适的学校；② 更换项目实施学校，但必须还是在利川当地的学校。最后经讨论，大家一致选择第二种方法。此时距离我接手麦苗班项目不足一个月。并且因为完全不熟悉利川这个资助点，所以更换学校的事情也是由其他较为熟悉的老麦负责重新走访调研，直至两周后，才正式确定学校变更为“箭竹溪初中”，并且原定的两个项目实施学校（原计划开两个班，一个学校一个班）变更为一个，也就是说在一个学校同一个年级要同时开办两个麦苗班。这无疑给项目的执行增加了许多困难，并且跟资方也需要作出相应的解释。

学校已定，如今终于万事俱备，项目可以正常实施了，所以在同年的7月份，麦苗班开班前的走访正式开始了。这也是我阔别麦田两年多以后参加的第一次大型走访活动，看着两百多人在学校操场上围着篝火载歌载舞，一种久违的感觉涌上心头，我好像真的回家了。

走访活动在两百多麦友的努力下，终于结束了，不过也让我发现了另一个很大的问题，那就是距离，利川到武汉的距离，时间成本，金钱成本，都是一个不小的问题。还记得当时算过一笔账，两百多位麦友来利川走访一次的来回差旅、住宿费用综合起来似乎已经够开半个麦苗班了，所以这个成本不可谓不高。

走访活动过后，“资方撤资”（其中一个班）的消息突然传来，一下子又打了我们一个措手不及。“资方撤资”是一个很大的问题，作为项目执行的三要素之一，任何一个出现问题，项目就面临着无法实施的可能，所以在与资方反复沟通无果后，我们开始思考该如何去解决这一问题，此时摆在我们面前的有几种选择：① 裁撤一个班级，原定同一年级开办两个班的计划变更为一个班；② 在一个月内重新寻找新的资方，接手这个班级的资助；③ 以一对一的方式，寻找零散资助人，集众人之力支持这个麦苗班。最后，我们选择了第三种方式，并结合基金会项目部的力量，共同完成新麦苗班的筹资问题。直至开学前，武汉麦田完成了一半学生的结对任务，剩余的一半学生在随后的几个月里，由基金会项目部完成结对。但因为一对一结对筹款的目标仅是募集麦苗班第一年的执行费用，虽然足以支撑开班，但整体实施依然不免有些捉襟见肘。以至于利川负责人精灵老说我是“最抠门”的项目负责人，因为刚开始那一年多，真的是很缺钱，当然这是后话了。

经历了“换校风波”和“资方撤资”事件后，麦苗班如期开学了，原以为开学以后可以按部就班地按照项目计划循序渐进地执行了，但是没想到开学第二天就收到了“麦苗班班级扩建”的消息。具体的原因大概是因为学校七年级只有三个班，但七年级学生总计有两百余人，若是麦苗班按照原定的50人一班建班的话，那么剩下的那个班将有一百多人，教室根本无法容纳，至于增加班级，学校师资和教室也不允许，所以学校不得不将50人的麦苗班进行扩增，同时为了平衡人数，两个麦苗班开学的时候人数分别是67和68人，比原定计划多出17人或18人。本来人数的调整属于学校的一个主观行为，也是正常的分班，但是因为麦苗班的特殊性，所以人数调整以后就不得不面临一个向资方解释以及班级学生间标签化的问题。

于是，经项目组讨论，并考虑到学校的实际情况，最后肯定了麦苗班的扩班行为，并且针对扩班作出解释和说明，向两个班的资方、资助人分别致电解释，并取得基金会项目组的许可，以团队的名义发布《麦苗班班级人数调整公告》，以此处理麦苗班扩建所带来的不良影响，同时针对扩建多出的十几人，采取一视同仁的策略，遵循除梦想基金外，其他资源一律共享的原则，尽可能地消除同班同学间的标签化问题。

有时候想想，做项目就像是救火队员，要时刻准备着，去消灭所有可能迸发出来的火苗。虽然在麦苗班开班过程中遇到了很多问题，有的也很棘手，但是回过头来想想，这些问题确实是最真实也最直接的，而且也只有亲自去一线才会遇到，这是一种不同于之前全职项目的体验，也是很有意思很棒的体验。

成长

要说公益项目的成效，这是很多人所关注的问题，尤其是资助人，但最关注的一定是项目负责人。作为公益项目，成效评估又恰恰是最慢最耗时间的，因为它不像考试，只要考完，老师改完卷子，立马就能知道分数。公益项目不同，它没有明确的试题，也没有准确的答案，所以如何评估项目成效，这是每一个项目负责人最头疼的事情，对于我来说同样如此。

麦苗班执行到2019年夏天的时候，项目已经走过了一个学年，随着学生们对麦田的了解，从一开始的陌生好奇，到渐渐的接纳和融入，很明显能看到学生们的进步和改变。我也一样，但是真正让我体会到这些改变的是在暑期的一个大型活动——2019年暑期夏令营。

夏令营，从我做全职以来，屡次听到这个词语，也接触和了解过很多优秀机构执行的夏令营项目，但是要说自己亲手去执行，这还真是第一次。从为夏令营筹钱到组织学生报名，我提前了几个月的时间就开始筹备，甚至也动员了许多的志愿者，最终，一个30名学生加6位老师的暑期游学夏令营如期举行了。只是有些意外的是，原本计划是一个人数并不多的小型夏令营，因为兄弟团队的夏令营活动同一时间来到了武汉，为了便于安排，两营临时合并，加入了来自湘西古丈的60余个麦苗生（古丈麦苗班夏令营内容仅有两天内容与武汉夏令营重合）。于是，原本一个小型的夏令营，最后演变成了一个100余人的大型团队活动。如今想想，当时的胆子也是够大的，好在有许多志愿者和老师们的协助，活动进行得非常顺利，从集合出发到最后的结营晚会，都没有出现任何的问题。

麦苗班夏令营——冒着雨天前往下一个活动点

麦苗班夏令营——篮球运动会

因为麦苗班这个项目在利川，作为项目负责人（身处武汉）的我并没有很多时间去接触和了解学生，即便每次去学校，也都是匆匆做完活动就返程，而这次夏令营让我终于有时间可以近距离地跟许多同学接触、聊天，并详细地了解他们，尤其是最后的结营晚会，至今仍记忆犹新。

夏令营结营已经是活动的最后一天晚上了，第二天他们将返程，因此这也是最放松的一个晚上。但对于学生们来说，却也是十分紧张的一个晚上，因为今晚学生要给志愿者们表演节目，而且还是新学习不久的手语节目（《小小的梦想》）。学生们踌躇满志，但心中依然有些忐忑。而对于我来说，就好像是一场考核，一次评估，一次让大家给麦苗班项目打分的机会，所以我十分期待，但心中也不免

麦苗班夏令营结营晚会——孩子们的麦田手语表演

有些忐忑。

尤其是作为压轴节目的麦田之歌手语操，仅仅只是在夏令营的这几天里断断续续地学习过几个小时而已，甚至连彩排都没有时间，在晚会即将开始的前十分钟，志愿者一边给同学们手语节目排队形，一边给他们加油打气。我站在一边，回想起刚刚在来晚会的大巴车上，原本是希望他们能够在车上休息会儿（活动了一天，尤其下午是篮球运动，学生们已经十分疲累），但是很多同学要求在车上练习手语，希望能够呈现一个完美的表演，在那一刻，我真的被感动了。

后来，晚会的效果出奇好，孩子们的手语节目也成了全场最亮眼的节目，不知是那晚的气氛太好还是那天的节目太感人，许多人热泪盈眶，尤其是最后一个节目即将进入尾声的时候，大家都知道离别即将到来，很多同学禁不住流下泪来，甚至连我这个自诩“冷血动物”的人都眼眶湿润了。只记得最后我给所有人作总结的时候是这样说的：“他们很棒，这个手语前前后后他们总共学了不超过4个小时，而且都是零零散散的，甚至明明已经热得累得睁不开眼了，但依然坚持，尽力地做好每一个动作，他们真的很棒，我要谢谢他们！”

我们都一样

很多人问过我：“为什么可以一直坚持做公益，而且做了这么多年，是因为爱心吗？”对于很多人来说，做公益可能是想要献爱心或者是想要做一件有意义又有趣的事情抑或是爱好。但在我都不是，我觉得公益是一件应该并且需要去做的事情，它不单单是爱好，更多的是一份事业，一个可以影响很多人的事业，所以我愿意花时间和精力去做这件事情，并竭尽所能地把它做到更好。做麦苗班项目也一样，只是我没想到的是，这三年会过得这么快。

如果现在有人问我，三年的麦苗班项目执行完了，有什么成效吗？我会坚定地告诉他：“有，但还不够。是的，距离我最开始执行麦苗班的期望来说，真的不够，甚至还有许多遗憾和不足。”

遗憾的是，因为疫情的影响，麦苗班几乎有一年多的时间是没有做任何活动了，尤其是夏令营，原本是期望每个人都能有机会参与夏令营，但最终仍然有大部分的学生没有参与过，这是最大的遗憾；其次是麦苗班的阅读课，虽然通过阅读课，后续又转化出了《麦苗文摘》，但是阅读课的推行并没有很成功，即使部分学生的阅读量有了明显的提高，甚至成绩也有了显著提升，但距离班级全面阅读来说，还是差了许多；除了遗憾还有许多不足，因为距离的问题，没办法经常往返学校，这是其一；校方领导层频繁的人事调动，导致项目执行上增加了许多难度，这是其二；当地资源不足，外部资源补充不够及时，或者代价太大而放弃或延期，最后无法成行，这是其三；除了上述这些，还有一些其他的小问题，就不一一列举了。如今，麦苗班即将毕业，这些遗憾和不足虽然无法再去改变，但它将会作为项目执行的经验，在今后的项目中进行调整和优化。至于如今的麦苗班，也绝不会因为这些遗憾而否定它的价值，三年的时间，许许多多志愿者和老师的辛勤付出，二十余次大大小小的活动，学生们的成长，这些变化都将记录在麦苗班的执行历程里，也将永远存在于每个麦苗生和志愿者的记忆里。

如今，麦苗班即将毕业，项目也进入了尾声，对我来说，这份重担也即将卸下，虽然不舍，但我很庆幸，能陪伴他们一起成长，一起度过这十分重要的三年时光。最后，愿我们都能拥有一颗感恩的心，都能实现自己的梦想，拥有追逐梦想的力量。

生而为人，你且修身，你且渡人，你且如水，居恶渊而为善，无尤也。（老子《道德经》）

赠麦苗班的同学们

共勉

（麦苗班项目负责人　杉）

卷五

麦客说

01 我的民族　我的家

时间真快呀，距离2008年汶川大地震已经整整过去了11年。可是作为亲身经历了那场浩劫的我，每每回想起来，依然心有余悸。从一开始不清楚是地震来了到害怕，到整整几个月跟着家人东躲西藏，天为被地为席，再到被全世界关注关心，和大家一起振兴家乡，一路走来，真是回忆满满，感慨良多。

尽管我们经历了这样深重的灾难，眼里和内心都伤痕累累，但生活还是要继续，我们还要继续。就好像在麦田这条前行的道路上，我们也经历了沮丧和迷茫。但今天，我们还依然行走在麦田的路上，我相信是因为我们就像喜爱自己的家乡北川一样喜爱麦田。

2016年的夏天，麦友团队们去家访，我们看到有些孩子的婆婆和妈妈正在做着手工，一针一线的，专注而认真。一问才知道，是在给孩子绣鞋垫等生活用品。后来，在一些学校里，我们也看到了他们有这方面的兴趣课程和作品展示。通过与家长老师们的沟通，我们了解到，这是我们北川羌族独特的手工艺文化——羌绣。

北川羌族自治县位于四川盆地西北部。总面积2 800多平方公里，人口24.13万人。辖区置6镇、17乡、311个村。东接江油市，南邻安县，西靠茂县，北抵松潘。北川全境皆山，峰峦起伏，沟壑纵横。经济以农林为主，相对落后。5·12大地震北川老县城被夷为平地，人员及财产损失惨重。在政府和社会的援助下，北川重建了新县城及其他基础设施。由于地处山区，经济发展较慢，当地的贫困家庭依然存在，学校的教学理念也亟待提高。羌族文化源远流长、丰富多彩，而羌绣作为其中的一种非物质文化遗产，具有极高的历史价值和民族文化价值，就像北川孩子的教育一样，需要拯救、保护和传承。

麦友们自从看到美丽的羌绣后，真的是久久不能忘记。后来，我们通过多次走访学校和家庭，了解到目前北川羌绣的现状，可以说是非常让人痛心的。羌族是没有文字的民族，“羌绣”的存在就是为了记录羌族生活，也是一种文化的象征。羌绣不仅仅是一种绣法，也是羌族文化的缩影。在千百年悠长的历史岁月长河中，羌绣作为一种美轮美奂的古老技艺，以“外婆教给阿妈，阿妈再教给女儿”的方式传承着。由于5·12地震和北川的自然地理环境制约，许许多多的羌族人不得不离开家乡寻找生计，羌族传承了千年的羌绣却正慢慢离我们远去。

但我们也很幸运，在走访了解的过程中，我们看到了很多孩子对自己家乡的文化和技艺表现出的好奇和热爱。

贾春蓉的家住在高高的山腰上，志愿者们一行走了很远的山路，七弯八拐的才到她的家。小春蓉家的房子在2008年地震中地基严重下沉，已是危房。因为没有钱，她们一家三口一直住在塑料篷布搭建的大棚里。雨天，外面下大雨里面下小雨。如果外面是大太阳，棚里的温度更是高得吓人。志愿者们在棚里站了一小会儿就已汗如雨下。小春蓉的爸爸前几年在兰州工地打工，劳动时钢条打中了腰部，因为没有及时就医落下病根，再也不能做体力活了。祸不单行，原本勤劳善良的妈妈又患上了白内障，眼睛一天天模糊。这些年，给爸爸治病已经花光了家里的积蓄，现在妈妈的白内障手术对于这个家庭可以说是雪上加霜。虽然在亲戚邻里的帮助下，妈妈进行了白内障手术，视力有所恢复，但妈妈以前最喜爱的羌绣却再也做不了了。

年幼的小春蓉常看到妈妈对着一幅幅惟妙惟肖的羌绣，满眼的遗憾和无奈，小春蓉很是心痛。小小年纪的她看在眼里急在心里，学会羌绣成了她最大的愿望。在学校的羌绣班里，小春蓉总是特别认真，她通过在学校的学习，一针一线的实践，终于掌握了羌绣的基本针法。懂事的小春蓉拉着妈妈的手温柔地说："妈妈，你不要难过也不要遗憾，以前是你给我绣衣服，以后我会给你绣，我就是你的眼睛。"

还有一个孩子叫蒙蒙，是北川坝底小学的学生。5·12地震中，在北川中学上学的哥哥不幸遇难，蒙蒙是地震后再生育的孩子。蒙蒙从小在家里看外婆和妈妈刺绣，云云鞋、绣花头帕、围裙与飘带，在小蒙蒙眼里是这样的漂亮。耳濡目染之下，蒙蒙也想学习刺绣。但她在学校没有机会学习，妈妈上班也没有时间教她，而外婆年纪大了，视力也不好，但她为了蒙蒙能学会羌绣，总是很吃力地坚持教着蒙蒙。看着孩子认真地学习羌绣，我们默默地对自己说，也许我们尽一点力，就能帮助孩子实现学习羌绣的愿望。

在整个家访中，麦友们了解到，北川地区还有很多像蒙蒙这样的家庭和孩子，他们的生活里处处都有羌绣的影子，他们喜爱羌绣，想要更多更深入地学习羌绣。在与学校的沟通过程中，我们也得知，那些开过羌绣课的学校，因为没有专门的羌绣老师系统地给孩子们进行教授，学习效果不好，也让孩子们从刚开始的好奇到兴趣渐渐流失。正因如此，团队更希望通过学校这个途径，让北川的孩子们从小就有机会有条件进行正规系统的羌绣学习。

通过基金会的帮扶，也经过北川团队自身的努力，以“羌绣”为切入点让北川孩子学习羌绣，提升自信以及对整个羌文化保护的项目在具有代表性的四所学校率先落地实施了。我们为学校提供羌绣兴趣课的基础物资，送上课老师到当地传习所学习提高，给孩子们提供走出学校到校外游学实践的机会。同时，团队将孩子们的作品通过各种途径进行义卖，既能将义卖所得的钱款继续用于开课，也能就项目本身起到对外宣传的效果。我们和上海团队合作，在上海的商场和飞牛网开展了两次义卖，2017年我们的项目上了99公益日，在大麦田内部也获得了一些资金支持。

通过两年多的项目实施，我们真正看到了孩子们的变化。当我们刚刚来到他们的学校时，他们怯怯地躲在教室后面看我们，现在无论我们走在校园的任何地方，他们都会主动和我们打招呼，热情地带我们去看他们的作品，给我们讲羌绣课上发生的趣事，甚至还会告诉我们在课上学到的那些新知识，有点小炫耀，但更多的是信任和快乐。

在这里向大家介绍另外一位北川姑娘唐映，她的父母常年在外打工，她还有一个小学四年级的妹妹，日常生活靠外婆种的4亩玉米和土豆。唐映在家自学美术和设计，找绣娘学习技艺，参加羌绣培训班，做一些羌绣手工，换取微薄的收入。因为家庭生活困难，她不得不暂时放下羌绣开始打工谋生。我们第一次见到她的时候，她从房间里拿出很多空闲时自己绣的绣品给我们看，眼里满是喜爱。

后来我们的项目在她家附近的小学开始试点。便请她担任羌绣兴趣课的校外辅导员，使她在辅导的过程中不断提升自己的羌绣水平，在羌绣中找到乐观自信，以及对生活满怀的希望。

回顾项目的实施过程，我们依然觉得举步维艰。团队从2017年4月至今，共募集资金16.5万元，上课1 150节（辅导课1 120节，普及课30节），产出作品500幅。在这两年间，我们一共服务了4所学校的1 500名孩子，约占北川整个中小学生11%的比例。北川还有很多这样的学校和孩子们希望加入我们的项目中来。对于服务乡村儿童和文化保育来说，我们现在的力量太小了，我们需要更多人来关注和支持。因为北川是全国唯一的羌族县，人们对它的了解并不多。如果不是2008年那场灾难，也许没有人知道这个十八线都算不上的小县城。人们的那种家乡情怀也让我们的项目在对外宣传推广时受到一定的限制。其次，项目的实施至少要以三年为一个最小的周期，这种文化的传承和保护很难在短时间内看到效果和变化，这就使得项目的反馈显得苍白无力。最后，对项目意义的理解，也需要团队、资助方甚至学校和老师达成共识，彼此的信任才能长期坚定地走下去。同时，作为一线团队，我们也希望这样的项目模式成熟以后，可以作为一种模板推广到其他团队，用这样的模式去服务其他地方的孩子和保育他们自己的文化。

能让孩子和他们的家乡文化一起成长，是我能想到的最美的事情，孩子们的笑容也是我们最大的原动力！

谢谢这些孩子给了我们一个表达爱的机会！

（木心）

02　我的麦田

我来自云龙县民族初级中学，是麦苗班的老师，麦田ID是麦妈妈，我和麦田渊源颇深，2005年6月麦田计划在云龙千年古村诺邓诞生，当时我是诺邓完小的一名老师，在那里第一次听到“麦田计划”，认识了莫凡老师、阳光老师，从他们身上看到了麦田人的质朴、博爱与无私。深感他们是如此平凡，却又那样的伟大。

2011年云麦五班在云龙县民族初级中学开班，我有幸成为首届麦苗班班主任，之后这个班主任一任就是两届，一当就是6年，成了九十多个孩子的麦妈妈。这群孩子来自不同的村寨、不同的家庭，有单亲、有离异、有留守儿童，让这些孩子健康成长是我最大的愿望，同时也是最困难的挑战。如何让这些孩子健康成长呢？只有了解他们才知道怎样去关爱他们。为了解每一个孩子，除了平时的交谈和家访，我和他们每周以书面形式进行沟通，每个孩子都有一本写心里话的本子，把自己的喜、怒、哀、乐都记在本子上，我和他们一起分享，每一周我在每一个本子上写下的不只是日期，更多的是对孩子的鼓励、开导，或是对错误做法和想法的纠正，那是像朋友一样的交流与倾诉。但毕竟麦苗班每个孩子的背后有太多辛酸的故事，有母亲在孩子出生几个月，因无法忍受贫穷而无望的生活，抛下孩子远走他乡再也没回来，使孩子从小缺失母爱；有因父亲不务正业酗酒赌博而且还家暴，孩子从小便有了心理阴影；有随母亲改嫁，在重组家庭中受排挤；有父母智障体残的；有孩子自己肢残的；有些孩子还有心理问题，等等。有时真是心有余而力不足，我只能利用周围的一切力量，组织班委进行“爱心支援行动”；好朋友之间互帮互助；求助孩子们喜爱的老师，因亲其师而信其道；一对一资助时还求助资助者多给孩子加油、鼓劲；也有麦友们的倾心相助，如遇到孩子们的心理问题时，曾得到真水、剑走偏锋的杨姐、袁纳老师等的帮助和指导。孩子们情感与烦恼能以正确的渠道得以倾诉与宣泄，心里敞亮了，变得阳光了、自信了。例如，我所带的两届麦苗班的班长都是女孩，品学兼优、浑身充满正能量。第一任班长，也是第一届麦苗班的班长，五岁时母亲因病去世，跟随父亲到继母家生活，孩子生活能力强，积极上进，活泼开朗、组织能力也强，是我的得力助手。但进入初三以后，孩子情绪低落，心事重重，了解后才知道，父亲常年外出打工，最近孩子和妈妈有些矛盾，没有及时化解。我找孩子进行交流，告诉她现在的妈妈虽然没有生育之恩，但有养育之恩，即使是亲生母亲跟孩子都会有矛盾，这很正常，要体谅现在的妈妈，别斤斤计较，多想想她的好。慢慢地孩子情绪好转了，积极备考，以优异的成绩进入大理州最好高中，现在就读于云南师范大学。第二任班长，热情、有号召力，但有点冲动。两三岁时父亲犯事劳教，母亲带着孩子改嫁，孩子优秀，作为家长很自豪，继父在乡里邻间说孩子优秀，是自己教育有方。女孩觉得继父是在标榜自己，于是发生口角，心情非常糟糕，无法静下心来学习。我找了个适当的机会和孩子谈心，告诉她，你优秀，身边的亲人都为你开心，更何况他是你的家人，他是为你而感到自豪，你的成长有他的陪伴，允许他骄傲一下吧。之后她便释怀了，去年也以优异的成绩考上了州属高中。

麦苗班的孩子不仅享受着老师们的爱，还有麦田送来的冬衣、棉被温暖着这群孩子，精美书籍丰富着孩子们的精神生活，拓展了孩子们的视野。每次志愿者的到来都会给孩子们带来很多游戏，孩子们通过游戏学会了思考，便有了自己的思想。因此，这群在麦田长大的孩子不仅智商高，情商也高，初中阶段的孩子正处于青春叛逆的时期，但麦苗班的孩子要好得多，他们团结、谦让、积极向上、尊敬师长、讲究卫生。学校里纪律最好的是麦苗班；教室、宿舍最干净的是麦苗班；学风最好，成绩最优秀的还是麦苗班。

麦苗班的孩子们兴趣爱好也很广泛，不仅能歌善舞，而且多才多艺，2014年的报纸时装表演，当时有老师说："还有一个月就中考了，让他们参演会影响中考的。"但他们那年的中考成绩比之前任何一年都好。那年的中考状元杜玉玲，现在就读于昆明医科大学，今天她也来到了会场。比苏人带的麦苗班能说会道、能言善辩，多次获得县级、州级演讲比赛大奖。邹老师带的麦苗班孔雀舞堪称一绝。赵芊同学还获得了"希望之星"英语口语大赛省级二等奖和最佳勇气奖。

我在麦田和孩子们一起成长，不管是担任两届麦苗班班主任期间，还是如今担任两个麦苗班的教学工作，我既是给学生答疑解惑的师者，也是麦田志愿者中的一分子，我肩负着麦田赋予我的责任，让孩子们认识麦田、热爱麦田，在孩子们心中种下一颗做公益的种子，传承麦田的精神，去帮助需要帮助的人，以后让那些和他们一样的孩子走得更远；让麦田文化熏陶孩子，让他们懂得如何爱、奉献爱、分享爱、感受爱，最终传播爱。

“虽然自己的力量很小，哪怕只能够改变一个孩子的命运，我都要去努力”，这是麦田的理念，我始终用它指导自己，每年的麦田走访我都申请和麦友们到我县海拔最高、最贫困的山区，希望把贫困但热爱生活、热爱学习的孩子送进麦苗班，走出大山，改变自己的命运，多年后通过自己的努力，改变家乡的面貌。因为麦田，我认识了种子、开开、啦子、杨树、小兰酱等良师益友，在他们身上我学到了很多很多。

总之，这几年一路走来，有为孩子的生活遭遇而心酸，为无法帮助有心理问题的孩子而深深自责与内疚，但更多的是欢歌笑语和成功的喜悦。谢谢麦田给了我这个平台，让我认识了这些孩子，同时也谢谢这群孩子给予我表达爱的机会。最后，祝福咱们的麦田越做越好、越走越远，麦友们身体健康，家庭幸福。

（麦妈妈）

03 看见，麦田支教课堂

山那边

2015年作为志愿者参与佛山麦田在罗定黎少镇油埇小学的健康课堂项目，第一次走进乡村小学支教活动。看到半山的油埇小学只有两个班级，四十名学生。黑板已褪色，泛着白，粉笔字写上去都看不清，讲台是破旧的木桌子，孩子们的课桌也是锈迹斑斑。

在城市待久了，因为这次支教，第一次对城乡教育发展差异有了直观印象。

2017年12月，分别在肇庆乡村小学和顺德社区给同龄的孩子上了一节美术绘画课程。通过绘点连线，让孩子自由画形、随形想形，创作一幅想象中的故事画面。但这个课程的展示部分，让我看到了两个地区孩子的绘画水平、故事想象能力、表达能力的差距，让我对乡村教育的落后有了更为深刻的了解。

留守儿童

每次去乡村开展支教，无论我们上什么课程内容，孩子们都会非常兴奋。他们对于我们的到来充满期待，因为不是平时的老师上课，有新鲜感，且互动内容多，好玩。我们知道，大部分的孩子父母都是外出打工的，他们平时除了爷爷奶奶，很少接触外人，缺乏父母关爱的他们，把我们的到来当作一起玩耍的伙伴朋友。

在罗定油埇小学有一对双胞胎兄弟，第一次见到我拍照，就非常开心地叫我为他们拍摄。如今，两年下来，他们也在我的相册里留下了成长的记录。看到他们健康快乐地长大，我也感到欣慰。

困境

除了学校，支教路途也会观察农村环境。看到在城市化的进程里，河流被污染，农田弃耕，随意建造房屋……一系列的问题出现在乡村里，如果只靠政府精准扶贫、文明宣传等工作是远远不够的。教育改善才是根本，让每个村民都成为理解社会发展、支持文明建设的一分子才行。

在与乡村小学老师的交流中了解到，大部分不完全小学都没有美术、音乐、体育老师，学生缺乏语文、数学、英语以外的课程知识。当地教育资源短时间内无法解决，一是财政支持有限，资金缺乏；二是乡村教师岗位吸引力不强，相当落后的生活环境难以补充年轻教师力量。

所以，在佛山麦田开展支教课堂的小学里，的确是语文老师教的体育，数学老师教的美术，更多时候是一个班级里一位老师负责全部内容。老师疲于日常课堂，对于教育创新、引入新课程也是有心乏力。

行动

麦田计划正在从物资捐赠转向深度助学，以麦苗班、彩虹课程为主力项目。彩虹课程包括彩虹口袋、乡土课程、健康课堂。

彩虹口袋项目是以画画学习创作为载体，通过艺术与自然的认识与发现，为孩子逐步建立更为多元丰富的世界观，通过游戏与获得美术创造能力及简单易行的教程和配套材料来实施彩虹课程。

健康课堂项目是一个以提供个人生活卫生用品和基本生活药品为基础，搭配相关的卫生课堂、安全课堂以及儿童性教育课堂为核心的项目。

我们已在三所乡村小学开展以上课程，通过组织佛山麦田志愿者根据项目设置课程开展，一方面传递知识，一方面在开展过程中了解学校困难，为学校基础环境修缮寻求社会资源。

初效

两年来，我们更新了其中两所学校的课桌椅，为三所学校安装了窗帘，以及资助了图书、体育器材等，极大地改善了学校的学习环境。支教课程以平均每学期两次活动的频率开展，目前还没有针对资助学校学生进行评估、调研带来的改变。但从日常与志愿者的沟通发现，长期参与的志愿者成员，自我成长非常明显。对于麦田活动带来的快乐享受，都明确表示值得。大家也一致认同，陪伴乡村小学的儿童成长，即使自身缺乏知识传递，但关怀和鼓励也是非常需要的。

不少老师说，非常感谢我们的支教课程，除了帮助孩子，也让他们可以有更多的休息时间。

持续进行

现在越来越多的社会企业及个人了解到我们的支教课程，纷纷表示愿意参与其中。2017年，佛山麦田新增登记志愿者233人。社会人士的热心支持是对我们公益行动的最大鼓励。

我们希望佛山麦田成为一个更专业的教育资助机构，成为志愿者成长的平台。

首先，我们需要建立自身的课程能力，开设合适的系列课程作为培养志愿者的基础。目前，佛山麦田两名专职，一名在学习考取教师资格证，一名已取得社工初级证书，积极参与课程能力培训。依靠两人的力量，短期内，可以设计出简易的培训课程。而系列培训课程，则需要麦田教育基金会项目组同事协助支持，开放课件。

2017年12月，小溪参加麦田教育基金会在长沙举行的彩虹口袋课程培训。经过两天的培训，从授课准备、课程开展、丰富的课程内容，我们看到了非美术专业人员也是可以通过系列学习成为一名美术课程授课老师。只要用心，不只是教孩子，自己也能学习到更多知识。

除了自身知识能力，我们也考虑到志愿者本身，非专业性和不稳定性是当下志愿者普遍存在的问题。例如，我们发布活动召集，要求懂绘画，就会收到志愿者反映没有绘画能力但非常渴望参加。又如，明明已确定报名的志愿者，在活动前一天告知因个人原因无法参与，而临时组织人员补充相当困难。这些都是机构必须去正视并找到解决的方案。

未来

目前，我们的想法是通过与企业、培训机构合作，以项目合作的形式，增加课程授课志愿者数量。特别是培训机构，其教师资源，无须过多培训即可开展课程。但也需要与企业、培训机构明确合作界限，不可过分商业化宣传，以免伤害孩子。另一面，鼓励佛麦志愿者以长期学习形式，参与到我们设计的系列培训课程中，提升其专业授课能力。

看似梦想般的寄望，不仅需要人力，物力的支持，还要得到社会的认同。我们知道困难重重，但人生若能真正参与到社会建设，实现自我价值，也不枉此生来。

希望，有更多的人参与到我们志愿者的行列里，谢谢！

（小溪）

04 让每一个孩子都能成为更好的自己

我出生的时候，我妈妈正在一所九年制的村级学校做校长。我在这里生活了五年多。每天，我接触到的，除了来自乡村的老师、学生，还有许许多多淳朴善良的农民，他们对我像对自己的亲人一样。因此，我对农村有着特别深厚的感情，而我跟教育也有着天然的联系。

参加工作以后，我听说有同事在资助山区的孩子上学，已经坚持了好多年。那时候我就想，我也要成为她们那样的人。

在我快三十岁的时候，因为《读者》杂志上一个孤儿帮助别人的故事，我开始行动起来，成了我同事那样的人。我在当时的行业论坛发起了倡议，号召同行们一起来资助山区的贫困学生。我们成立了蒲公英助学基金，并通过网络寻找合适的助学机构。在这个过程中，我从一开始的资助方代表，慢慢地成为一个助学机构的志愿者，还认识了我后来的伙伴莫凡，我们一起发起了麦田计划。

我们做一对一资助，为偏远的村小建图书室，修建校舍，资助代课老师……在最初的几年，我们几乎是看到孩子有什么需求，我们就去做什么。我们说，哪怕我们的力量再小，只要能改变一个孩子的命运，我们也要坚持。可是，我们的力量真的很渺小，我们为这些孩子提供了一个上学的机会，却不能在他们思念父母而独自哭泣的夜晚，给他们战胜悲伤的力量；也不能在他们进入社会、面对更多人生机会时，给他们挑战自己的勇气；当他们来到城市，他们需要更多的时间和心力，去摸索和适应这个对他们来说无比陌生的世界；而当他们回到农村，他们也不知道如何才能改变自己的家乡，让自己和自己的乡亲可以生活得更好。

对于这些孩子来说，什么才是他们最需要的呢？每一个关注乡村儿童教育的公益人，都在不断地拷问着自己和这个社会。

2015年，在一次关于麦田战略的梳理会上，协作者洪图问了我们一个问题："麦田希望带给孩子的，是什么样的教育呢？"

这是我们第一次正视麦田也是在做教育这件事，也第一次亮出了麦田的教育观：让每一个孩子都能乐享教育，成为自由、独立、具备公益视野的个人。

回看麦田的众多项目，我们发现，已经开展了10年的麦苗班，正好是符合麦田教育观的一个项目。

麦苗班，是把同一个地区、同一个年级、家庭贫困但有强烈读书意愿的孩子集中到一个学校组建的一个班级。麦田除了为每个学生提供资金的资助，还会对接更多的教育资源和长期的陪伴，让孩子们不仅获得读书的机会，还能够提升孩子们的综合能力。

我们的第一个麦苗班是2005年9月在云南的云龙县开办的。40个四年级的贫困孩子从全乡的村小被筛选出来，转学到了中心小学，组成了这个班，我们给它取了一个充满希望的名字——麦苗班。这是一次非常冒险的尝试，因为我们不知道组成一个班对孩子们来说意味着什么。也有资助人提出了质疑，认为麦苗班的形式是给孩子贴上了“贫困”的标签，让他们产生心理压力，更加自卑。而我们发现，一对一资助的孩子却把“贫困”的标签贴到了心里，他们把这件事当成一个秘密，不敢说出来，面对众多不用接受资助的孩子，他们非常孤独。而当他们成为一个团队，就有了相互的支撑，麦田也可以借此为他们提供更多的服务。因此，我们决定尝试一下，针对资助人的质疑制定了一些预防的措施。我们请资助人在跟孩子通信的时候，给予孩子更多的鼓励，引导他们敞开心扉；老师也会投入更多的时间和精力来关注孩子的心理健康，做到及时疏导；另外，我们也通过网络让孩子能够跟远方打工的父母面对面交流。

俗话说，无心插柳柳成荫，2008年，奇迹发生了。这个班的孩子，以全乡排名第一的优异成绩升上了初中，没有一个辍学。不仅如此，孩子们的精神面貌也发生了很大的变化。他们刚刚来到麦苗班的时候，多数都很内向，不敢公开发言。但此时，他们已经能够组织自己的毕业联欢会，自己编排节目和表演了。

又过了三年，这群孩子初中毕业了，其中39个升上了高中。这对于全县只有一所高中的云龙县，可以说是一个创造历史的时刻了。

我想，有人要问了，麦苗班是一个培养尖子生的班级吗？

我要很郑重地回答，“不是的。”

在这里，我要跟大家讲两个孩子的故事。

第一个孩子，叫小陆。这是一个学霸型的孩子，我们的志愿者去他家走访的时候，第一眼看到的就是满墙的奖状。面对志愿者的表扬，小陆害羞地低下了头，不敢作声。麦苗班开班的时候，走访他的志愿者欣喜地发现，他已经成了班长，并且有了自己的“麦田网名”——小陆，他说，他也想做一名麦田志愿者。当时，我们的志愿者有些不以为然，在心里悄悄地想，三年后，你的理想还会是要成为一名志愿者吗？

去年秋天，小陆上初三了，当年那个腼腆的孩子长成一个阳光大男孩。受到志愿者的邀请，他来到新的麦苗班，为学弟学妹们做分享。让大家吃惊的是，他不仅是脱稿发言，还跟学弟学妹们玩起了互动："你们的理想是什么呢？”“想发言的同学可以举手示意我哦。”“为了实现理想，我们是不是应该做点什么呢？”这时的小陆，刚刚15岁，但在他的身上，已经能够看到协作者的影子了。

今年夏天，小陆考上了高中，利用暑假，他参与了新麦苗班的走访，真正地成了一名麦田志愿者。面对紧张的高中，小陆觉得很有压力，但他还是相信自己可以适应这种高强度的学习生活，同时，他也不忘争取更多锻炼自己的机会，主动担任了副班长、生物课代表等职务。小陆还说，他会把初中三年参加的各种活动带到高中的班级，让现在的同学也能够在知识学习之外收获更多。

另一个孩子，是小陆的同班同学，叫顺子。顺子的家庭特别贫困，父母都是文盲，父亲还常年酗酒。顺子的成绩不太好，今年初中毕业时，他没有参加中考，而是去了技校，没多久，他又选择了退学，去了影楼打工。站在传统的角度，我们可能会说，这是一个失败的资助案例。但是，如果你有机会跟顺子面对面地接触，你就会感受到他浑身散发着满满的正能量。

顺子也参加了今年的走访，并且担任了小组的“翻译”，为外地志愿者翻译云南方言。这一路，顺子变成了大家的开心果，他跟大家分享他打工的经历和自己未来的规划。他说虽然离开了学校，但他不会停止学习，他要去考一个“创业证”，好回到家乡去创业。在今年的99公益日，顺子还加入了昆明麦田的筹款团队，在微信群里作动员，为大家讲解筹款的方法。他思路清晰，表达准确，如果不是特别介绍，谁也不会想到他仅仅是一个十六七岁、只上完初中的农村孩子。当我问他，麦苗班三年对他有什么影响的时候，他说，我在麦田看到了不一样的世界，每次的第二课堂都有不一样的感受，思想不断在开阔。麦田带给我和我的家庭快乐和幸福。我在初二的时候就下定决心，等我毕业了，一定要加入麦田。我的妹妹老是听我说麦田的事情，也受到了感染，她说她小学毕业就要加入麦田，参加麦田的走访。在顺子的身上，我们看到了蓬勃的朝气，也看到了内心的富足。我们相信，他的未来，一定会过得很好。

那么，小陆和顺子，他们在三年的麦苗班生涯里，到底经历了什么呢?

当他们成为麦苗班一分子的时候，首先会有一个开班仪式。在这个开班仪式里，志愿者会介绍麦田以及麦苗班，让孩子们了解这是一个怎样的班级。同时，志愿者们会引导每个孩子写下自己的三年目标，并讨论班级的愿景。不管是小陆，还是顺子，都在这个过程中感受到与每一位同学的深深联系。孩子们还要讨论制定班级的管理办法、图书角的管理办法，以及落实相关负责人。只要愿意，每个孩子都有机会为班级服务。孩子们在制定规则和执行班级管理的过程中，也慢慢地提升了自己思考、沟通、协作和处理问题的能力。

接下来，我们的志愿者每个月都会来到学校，为孩子们带来一次别开生面的第二课堂。课堂的内容，也许是思维导图，或是如何关照自己的内心。也许是来到操场，全班同学一起挑战一个高难度的游戏。我们使用参与式的学习方式，让每个孩子都有机会发言，展示自己的作品，表达自己的感受。在这样的课堂中，孩子们不仅收获更好的学习方法，也因为外部的认可而产生更多的自我认同，因而变得更加自信。

每年6月，不同年级的三个麦苗班还要举办一次联欢会，欢送毕业班的同学。在这次联欢会上，孩子们要自己策划、组织，编排节目，每个孩子都有机会上台表演，接受大家的掌声。我们的一位项目点老师说，这样的机会，对一个农村孩子，可以说是人生最宝贵的经历，未来不管他站到什么样的舞台上，他都会更加从容和自如。

在麦苗班的三年，我们的每一个孩子，不仅获得了知识，同时也收获了团队、伙伴，个人能力也得到了全面提升。在每个孩子的身边，都有众多跟他们一样背景的伙伴，他们的苦恼，有人感同身受，他们的困难，有人伸手相助。在麦苗班，他们永远不会感到孤独。

麦苗班的老师们也在参与项目的过程中，通过参与麦田的培训、跟志愿者交流、组织研讨会等方式，获得新的教育理念和教学方法，从而不断地提升自己的教学水平。

截至2017年，我们一共开设了53个麦苗班，有2 600多个孩子接受了麦苗班的服务。在他们中间，有许许多多的小陆，也有许许多多的顺子。他们在麦田的陪伴中，不断地成长为更好的自己，他们会更加自信、快乐，他们的综合能力的提升也会帮助他们更好地学习。未来，不管是去城市，还是回农村，也不管在什么行业和岗位，他们都有能力过好自己的生活，也能够更好地服务社会。

这就是麦田正在做，并且要一直做下去的教育。

而这样的教育，不只是适合农村的孩子，它也适合每一个孩子。

我们都能看到，今天我们所面对的教育存在着很大的问题，学校成了流水线，孩子们被当成学习的机器，教育的目标不再是培养快乐、有能力的个人，而是更高的升学率。我们也能看到，城市的孩子会面临更大的竞争和更大的学习压力，他们非常痛苦却无力改变，只能默默地承受，或者产生严重的心理问题。而我们身在其中的每一个人，除了感慨和忧虑，还可以有更多的思考和行动。当我们在面对自己的孩子或服务对象的时候，要记得时时提醒自己，帮助TA成长为一个自信、快乐、有勇气和能力去面对一切生活挑战的人，才是我们最重要的责任。

（种子）

卷六

麦田书信

01 感谢您给予我勇气

亲爱的资助人：

您好！

我是吉水中学高二学生田仁涛。

时光飞逝，我的中学生活已经过半。初入中学时，我懵懵懂懂地打量着这个世界。有一些胆怯，甚至会因为家境贫穷而感到自卑、学习不适应、压力也大。在麦田计划的助学政策激励和资助下，我的生活、学习得到了保障，可以安心地追求自己的理想。您的资助不仅仅给了我经济上的帮助，更给予了我一种说不出的勇气，让我感到了您对我的关心与关爱。今天的我是自信的！我知道我有能力去实现我的美好理想。

感谢您的无私资助和所给予的温暖，我不会辜负您的期望，一定会把您的爱变成将来对祖国、对社会最好的奉献！

田仁涛

2021年4月

02　我已经把您当成了亲人

亲爱的金勇刚叔叔：

您好！

近来一切是否顺利？愿你身体健康，阖家欢乐！每次给您写信我都转换了一个身份，这感觉十分奇妙。时间匆匆而逝，现在的我是以一个人民教师的身份给您写信。五年前我刚刚来到师范，对于一切都十分迷茫，也没有规划过未来会是怎样。当时我是一名农村娃，现在已经长大成人，也步入了工作岗位。回顾这几年的经历我虽有遗憾，但大都无悔！

我从吉安师范—吉安职业技术学院—吉安思源实验学校走来，这个抬头也表明了我身份的转变。现在的我一切按部就班，认识了许多新朋友，学到了许多人生经验。虽然家中经济仍很紧张，但是我工作了，生活会越来越好的！

七十岁的爷爷奶奶，盼我实习结束能分配到乡下，他们可以做点轻松的农活。弟弟马上小升初，成绩不算太好，以后等我回到乡下，我再好好教导他。

跟叔叔分享一个好消息。我们学校开办了编程兴趣班，我担任老师，教那些小朋友一些简单的图形编程。另外，我在一家机器人编程机构里面兼职、学习。每个月收入有3 000元左右。所学能够所用，让我十分沉浸其中，这是我的爱好。在实习学校，我与同事、领导关系十分融洽，他们经常向我咨询有关电脑编程问题。这里的每一天，都非常充实，非常和谐。

对了，在这里我要跟您说，以后不用再资助我了。谢谢您这么多年的帮助，这份帮助对我家十分重要，帮助了我很多。我现在有了稳定的工作，可以自食其力了。谢谢您！一直没有收到您的回信，也不是很清楚我的信您是否收到。所以一直在惦记。叔叔，如果您看到了我的信，请务必抽空给我回个信。

不是催促叔叔您，而是我已经把您当成了亲人。虽不能见面，但是想起时也会有那么一点小小的期盼，希望能得到您的认可！再次感谢！

祝您工作顺利、身体健康、万事如意！

颜研

2021年4月15日

03 你一定美如天仙

孙法荣同学：

你好！

很高兴，妹妹你又长大了，字写得更工整了，对未来有自己的想法，很好。

看到妹妹的选择，像是选择了理科方向，但看你的成绩，语文较好，其他理科类科目可能比较吃力，要努力争取考上大学，但可能理工科的方向不是你最合适的选择，希望你能选择一个自己喜欢，又有信心做好，还不脱离时代的专业方向去探索未来。

学习是件既辛苦又快乐的事情，说辛苦，是因为不付出异常艰苦的努力，就不能取得较大的进步。说快乐，是在你适合读书的少年时期，通过各方支持努力，可以无忧地坐在课堂学习，是件多么快乐的事情。阿姨虽然离开校园几十年，但从未停止过学习，从中获益良多，学习是用最小的成本让人开阔眼界、成长进步。

2020年的新年即将到来，预祝你新年快乐，不断进步，收获新的成长！

尹萍

2019年12月31日

亲爱的尹姐姐：

你好！

我怀揣着激动的心情和喜悦看完了你的来信。谢谢你对我的帮助。

尹姐姐，正如你所说的那样，选择理科学起来真的不好学，但现在的选课模式与以前不同了，在选物理和历史的问题上我还是选择了物理，因为我对历史实在是提不起兴趣，虽然物理学起来有难度，但我还是愿意去尝试一下。自从选课以来，我不断地加强学习，并在这次期末考试进了全班前十。但这个成绩并不是我满意的成绩，我会继续努力的。

尹姐姐，谢谢你的帮助，有了你的帮助，我才少了烦恼、多了动力，虽然我没有见过你的模样，但我知道，你一定美如天仙。2020年爱你呦。祝你在新的一年心想事成，身体健康，开心快乐。

被资助人：孙法荣

2020年2月4日

04 感谢曾经的困苦给我成长的力量

小凤，你好！

从麦田志愿者那里看到了你的感谢信，很高兴认识你，并且有机会给你回信，我已经很久没有写过信了，找到了久违的原来上学手写书信的感觉。

看到你信中写的将来要做护士，我很佩服你。原来我妈妈也劝我去学医，但是被我拒绝了。我很害怕学医，连带着对护士这个职业也很怕，但是我对医生和护士是很尊敬的，我自己害怕这个职业，但希望我的表弟表妹们能有个学医的就好了。但他们似乎也拒绝这个行业，也怕啊，我无语啊！哭唧唧！

所以很佩服你哦！小凤棒棒的！

看到你说你父亲住院那段，我特别心酸，也特别有感触。

我初中毕业的时候，考上了我们县城的普通高中，当时我的班主任找到我父亲，让我们家想点办法，弄点钱，把我送到重点高中去。我当时拒绝了，我跟我父亲说："不用找钱，我已经考上高中了，又不是没考上。普通高中、重点高中，都是上学，去哪里都一样。"父亲拗不过我，最后这事也不了了之。因为家里还有一个哥哥，我哥哥在重点高中上学，家里再也负担不起我上重点高中的费用了，我不想家里为我的学费发愁。

高中毕业，哥哥和我先后考上了大学。为了减轻家里的经济负担，我从高中毕业那个暑假开始（包括国庆、中秋节等节假日）我都去做兼职，服务员、家教、促销员、发传单，什么都干过。我最怕去借钱了，开口借到钱还好，开了口别人不借，那种心酸和难堪我不想再去体验第二遍，所以我尽量多做兼职，在学校里争取拿奖学金，竭尽全力减轻家里的负担。

记得有一年五一放假，我一回家就看到我爸躺在床上睡着了，人很消瘦。妈妈告诉我，我爸结石发炎了，打了吊瓶正在家里休息。

我爸醒后，问我怎么突然回家，我说放假了回家看看你们。我劝他去做手术，把结石取出来。他说，等你们大学都毕业，我再去做手术。

其实我知道，他是担心做手术要花很多钱，怕做了手术，我和哥哥的学费就没有了。

从那之后，我特别害怕节假日回家。我害怕看到父母瘦弱的身体，只希望自己早点毕业，早点赚钱让父亲做手术，把身体养好。

后来，我和哥哥都毕业了，都赚钱了，把亲朋好友的钱都还掉了。家里经济宽裕了许多，我们还买了新房子，爸爸也终于做了手术，不用承受病痛的折磨了。我很开心，为自己的付出和努力而开心。

我和哥哥现在都成家立业了，曾经的苦日子都熬过来了。我很感谢曾经的困苦给了我成长的力量，让我变成一个坚强的人。

现在的科学技术都很发达，有了麦田的平台，我可以尽自己的努力帮助一些急需帮助的人，让他们渡过难关，安安心心地上学，也让我认识了萌萌的小凤。你很可爱，希望你以后也可以直面困难，不要被生活中的困难吓倒，通过自己的努力，改变家人的生活，为自己和家人创造一个美好的明天！

李阿姨

2019年6月17日

李阿姨：

我看了你这封回信后，我很佩服你。你为了不给父母增加劳累，放弃了去重点高中学习的机会，而且还通过自己的努力让父母过上了好生活。而我，现在感觉非常的迷茫，像是站在一个分岔路口，一边是通往死亡的道路；一边是通往美好生活的道路。我站在路口徘徊。现在在学校，不知道自己怎么了，学不进去，好几次都让自己下定决心，但就是下不了决心。我想过放弃，但一面对父母我就决定重振旗鼓，因为每次回家，爸爸都会问我，今天学校怎么样？有没有得到老师的鼓励？我每次都红着脸跟爸爸说："今天在学校挺好的。"不敢跟爸爸说实话。

我每次发誓一定要好好学习，但每次都会以失败告终。有时候实在扛不住了，就会找个角落哭一会儿。我不想让爸妈看见，看见就会……我也想变得坚强，但每次都会发生意外，让我坚强不起来，让我无法振作。幸好每次都有父母的话语让我坚持下来。现在我看见别人考第一，就很心酸，想自己何时才能学习好啊，何时才能不让父母操心啊！

阿姨，帮帮我渡过难关，我不想辜负父母的期望。

你可爱的小凤

2019年6月20日

小凤，你好！

我看到你的回信，嗯，怎么说呢，看到你的学习和心路历程，感觉到了像我刚上初一的小侄女一样的心境。

怎么说呢，因为我的父亲是乡村教师，我的生活轨迹一直都是上学、放学、帮家里干家务。我父母管我和哥哥管得比较严，再加上住在学校，每天都在父母的眼皮子底下生活，很少接触外面的世界。

也就是因为我一直生活在学校，我见到了许许多多因为各种原因辍学的学生，有早恋出事的，有沉迷网络游戏的，有受不住外面诱惑外出打工的，也有在学校浑浑噩噩混日子混不下去的。父亲有时会和我讲学校的事情，跟我说现在的学生太不好管理了，说不得，骂不得。

你说在你面前有两条路：一条路通往死亡；另一条路通往美好生活，不知道该怎么抉择，在徘徊。我想，只要是一个正常人，都会选择美好生活，没人愿意选择死亡。

只是通往死亡之路的都是捷径，一步到位，轻松简单；而通往美好生活的道路都是曲折，充满荆棘的。

一是简单轻松的死亡之路，一是历经磨难才能到达的美好之路。有人选择了轻松，一步到位；有人选择慢慢磨砺，静待花开。

说到底，还是人类的本性懒惰作祟。人人都希望有一条轻松简单的美好生活之路让我们来走。世界上没有免费的午餐，想不劳而获，就要付出上当受骗的代价。

人的本性懒惰，我也不例外。我们在外面打工，一家人租住在别人的屋子里，又很不适应外面的生活，想回家乡去。我每天上班，下班回家带孩子、做家务。我有时候觉得很累，想放弃现在的工作回家乡去，家乡有自己的大房子，不用像现在一样和父母孩子一起挤在小小的出租房里。但是想象都是美好的，现实却不容许自己这样任性，为了多赚点钱，为了孩子以后的生活有更多的保障，我还是咬牙坚持下来了，不允许自己偷懒，相信自己的付出总会有回报的。

而小凤你，也是一样的。只要安安心心待在学校，认认真真上学，不论以前成绩怎样，到了高三，总会考上大学的。（我高一的成绩在班上是倒数的，高考时我考上了一个二本学校。）

自古以来就有寒窗苦读的说法，书山有路勤为径，学海无涯苦作舟。这些名言警句说明读书从来就不是件轻松的事情，甚至可以说是一件很苦的事情。有人坚持下来了，就会金榜题名；有人半途而废，那他便与大学无缘了。

现在大学生遍地都是，上大学也变成一件相对来说比较容易的事情。只要你能安心认真学习，我相信你一定能上大学。虽然我并不是说上大学一定就好，不上大学就一定不好，凡事无绝对。也有上了大学变成社会毒瘤的人，也有没上大学成为社会栋梁的人。

上了大学成为社会毒瘤的人，我们不提。而那些没上大学却仍旧成为社会栋梁的人，毫无疑问他就一定是一个勤奋刻苦的人。三百六十行，行行出状元。作为行业里的状元，他所付出的辛苦和汗水一定不会比你安心学习付出的汗水少。

我相信，我们大部分都是普通人，没有成为行业状元的天赋和潜质。所以就选择了安安心心地做一个普通人，上大学、结婚、生子。因为我知道，我的学历和我的朋友圈、工作、婚姻都是相匹配的。什么样的学历就匹配什么样的工作，外面公司招聘都会把学历要求写明。同样，什么样的学历就匹配什么样的朋友。现在小学生学历和研究生学历的人是聊不到一起的，因为他们的人生观、世界观已经完全不一样了，他们没有共同语言（就像已婚妇女和单身小姑娘没法聊天一样，生了孩子的和未婚的小姑娘更没有共同语言。因为已育妇女的世界里都是孩子，就像现在的我，哈哈。我现在说的这些你肯定理解不了，我只是打个比方）。还有什么样的学历也决定了你的婚姻，这对你来说还太早了，我们以后再谈。

总之，我希望小凤你明白一个道理，作为芸芸众生中的一员，我们都是一个普通人。我希望你能克服眼前的困难，不要放弃学业，因为这是一个可以改变你一生的机会。你也不用担心你的学费问题，就安安心心、认认真真地上学，我会一直资助你完成学业的。你要是实现了自己的人生目标，我也会有成就感的。

不要羡慕考第一名的人，你只要安心踏实地学习就可以。我相信你的父母和老师也不一定非要你考第一名！尽自己最大的努力，做好自己学生本分的事情就好！

李阿姨

2019年6月24日

李阿姨：

我之所以这几天没给你回信，是因为快到期末了，我忙着复习就忘了。我看了你的回信，知道自己该怎么办了。你说，只要安安心心地待在学校，认认真真上学，不论以前成绩怎样，都会考上大学的。这句话让我坦然了，也深深地触动了我。就是这句话让我重下决心，以后一定要好好学习。我曾经有好几次下过决心，但这次我是真的下定决心。信中你还跟我说了关于世界观的话，我知道你跟我讲这些是为了告诉我以后学习好和学习不好的差别，所以我一定要好好学习，不辜负你对我的期望。这些让我这次更有决心。当我看到初三毕业生离校的时候，我发现时间过得好快啊，如果我到了那个时候，我又会怎样呢?

从心里迸发出了这样的猜想，尤其是我姐也在这个时候毕业、考试了。虽然我姐不是和他们一起去考试，但我也觉得时间真的过得好快啊！对了，阿姨，我还想到一件事，就是这几天发生的，但也不知道算不算。

因为我比较爱看电视嘛，我作业剩的不多了就看电视，在我看电视的时候我爸回来了。他问我作业做完了吗？复习了吗？我听到这些话时，就觉得自己很对不起爸爸，内心就很愧疚，就有一种心很想学习，但身体不支持。有时候我会过一会儿就去学习，而不是说马上就去学习，就是有一股劲在，有一种说不出的感觉。

阿姨，你给我写信我特别开心，而且你是第一个给我写信的人，也是第一个愿意把自己的事分享给我的人，我有你这么个阿姨特别的开心、自豪。这个世界发生的事太多了，我感觉自己这几天好累啊，但是我一定要挺住，只有现在累点，以后才能轻松。我一定要记住这句话，在心里！

阿姨，我还想跟你讲一件事，你是我唯一的倾诉对象，也是唯一一个愿意听我倾诉、为我解答的人。

我在一班，这个班级有一位表面严肃，内心却很温暖的班主任老师。这位老师对我们非常严格，总是督促我们养成好的学习习惯。记得有一次我们组上课讲话，而且笑得很大声，老师发现后让我们去走廊反省，想好了再来上课。最后我们写了保证书，上课认真听讲进步不少。之后，我们组只要有一个人在课堂上讲话，全组都会被老师请到走廊去反思。反思好了告诉老师，老师同意，再去上课。老师不断地给我们反省的机会，让我们在反省的过程中一点一点地培养上课认真听讲的习惯。有的老师说我们是最差的一届学生，我们也不想，哎，我为自己担忧，希望自己考试能考好。

小凤

2019年6月30日

小凤，你好!

很久未联系，希望你一切安好!

我在麦田学生信息反馈表上看到了你的近况，我也不知道如何安慰你，就和你分享一些发生在我身边的事情吧!

今年因为疫情的原因，一直被困在家里，复工后要去公司上班。大年初一我给外婆打电话，说回不去了，让她老人家好好照顾自己。谁知道没过多久，我外婆过世了，我妈让我回去送送外婆。

看到她老人家的一瞬间，我的眼泪就止不住地流下来。想起当初她关心我的学习，照顾我的生活，为我洗衣做饭，为我操心的点点滴滴。我狠狠哭过一遍后，后边几天里，我很少落泪。我帮阿姨们一起烧菜、洗碗，和她们一起开玩笑，我终于变成了我小时候那个特别看不懂的人！

初中时，我奶奶过世的时候，我特别搞不懂那些大人，为什么那些大人之前还哭哭啼啼的，转眼到了饭桌前却谈笑风生，他们怎么这么虚伪？还有我妈的外婆过世的时候（老公的外婆也因为车祸，成了植物人，没有知觉。在床上躺了一年多，后来身体开始腐烂，挺不过去就过世了），酒席期间请了演唱的人。那时候大家都很开心的样子，我那时才明白，可能是我当初的想法太单纯了。或许外婆是真的开心，不用受病痛的折磨，也是真的解脱。亲人也为外婆开心吧！我也转变了我的想法，肉体凡胎的离开，未必不是另一段生命轮回的开始。这本就是值得庆幸的事！

人生在世，本就是场修行。有的人悟性高，早早修行得道；有的人悟性差，偏偏要修炼百八十年的。我们在怀念亲人留给我们的记忆的同时，也要期望另一段生命的无限精彩。我们能做好的就是要记住他们的美好，满足他们的期待，活成你自己想要的样子！不忘记也不辜负！没有任何人会陪你到生命尽头，珍惜与身边人相处的每时每刻，就是对生命最大的尊重！

李阿姨

2020年9月7日

李阿姨：

阿姨，实在不好意思耽搁了这么久才回信给你，我觉得我不应该给你说这件事，勾起了你的伤心往事，我真的不应该说。

听了你的往事，我觉得每个人都会离开人世间。一家人终会曲终人散。我爸爸已经离世了，就连我的24岁的表姐也在前几个月得病离世了。哎，不说这些伤心事了。给你分享一些我和爸爸开心的事情吧。

爸爸曾经对我说过一句话，也是让我印象最深的一句话，那就是让我好好学习。我曾经为这个努力过，但是并没有达到理想的成绩。我后来越来越好了，只想对爸爸说，我达到你想要的成绩了。这使我开心了好一阵。而且每天放学我都会跟爸爸说这一天我过得怎么样，我觉得自己这一生遇到这样的爸爸值了。尤其是听说别人的爸爸在他们考得不好的时候都会骂他们，甚至打他们，我觉得我被老天分到这个家庭很幸运、很开心。

现在想想之前做的任何一件小事都会成为我心中所期待的，真的很期待和爸爸一起争电视看，一起修理东西，一起种地，一起……

我现在学习发现困难了，觉得自己会但又不是很熟悉。这使我觉得自己对学习是不是不认真了，甚至怀疑自己是不是对学习没有兴趣了。每天回家后我写作业做题，但妈妈说再这样学就傻了，但不是只有这样每天坚持学习才会进步吗？

我害怕自己退步，这样爸爸就不高兴了。有时我很烦躁，只能看书解烦，尤其是在看《查理九世》时才觉得自己是最轻松的，不会想任何事情，这也许是书的力量吧。阿姨，我会调整心态的，不用担心我。

凤

2020年11月1日